競技力アップの

ボディコントロール

BODY CONTROL

身体資源を有効に活用する
機能的トレーニング

中央学院大学教授
小林敬和 著

ベースボール・マガジン社

はじめに

最近の子供の体格は著しく向上しているようですが、体力・運動能力については、昭和60年ごろから現在まで低下傾向が続いており、現在の子供の測定結果をその親の世代である30年前と比較すると、ほとんどのテスト項目において、子供の世代が親の世代を下まわっていると文部科学省の「体力・運動能力調査」で報告されています。

昔は、生活環境によって都会の子供は比較的小さく機敏で、田舎の子供は比較的大きく力強いというイメージがありました。私は全国各地で指導的な立場で子供たちの運動にかかわる仕事が多いのですが、地域クラブの指導者によると、最近は田舎の子供でも親がクルマで送迎するため、ほとんど長い距離を歩いたり走ったりしなくなり、さらに家業を手伝う機会も激減しているようです。確かに、子供が安全に通えない世の中になったことも大きな問題です。このように、体格が向上しているにもかかわらず、体力・運動能力が低下していることは、身体能力の低下が深刻な状況であることを示唆しています。また、最近の子供たちは、マット運動で前転ができない、陸上運動でスキップができないなど、自分の身体を操作・コントロールする能力の低下も指摘されています。

もう一方では、トレーニングの方法・指導法にも課題があると思われます。最近の傾向としてラダーやミニハードルを使ったアジリティー系、ボールなどを使ったコーディネーション系のトレーニングが流行しています。現場の指導者にとっては、さまざまなドリルを子供たちに紹介して、楽しませながら効果を実感することは喜ばしいことですが、指導法がワンパターンに陥ることも侮れません。さらには、これらのトレーニングは大腿や股関節が大きく動かないため、腕全体を動かさないで手先でゲームをするのと同様に、足さばきだけの運動に偏ることになってはいないでしょうか。

〝いかに身体を自在に動かせるか〟は、アスリートの究極の課題です。〝ボディコントロール〟は、〝身体を自在に動かす〟という意味をもってスポーツの現場から発信された言葉といっても過言ではありません。もちろん、トップアスリートだけではなく、スポーツを愛好するすべての人々にとっても、〝ボディコントロール〟は魅力的な言葉でしょう。また同時に、多くの人々にとって日常生活を送る上でも欠かせない能力のひとつといってもいいでしょう。

アスリートやスポーツ愛好家は、いつの時代でもトレーニングやエクササイズにこだわりをもっています。またスポーツの指導者は、つねに新しい情報を得て指導の対象者である子供たちやアスリートに質の高い指導法を提供する必要があります。そこで、本書がその一助となれば幸いと存じます。

本書の出版に際して、ベースボール・マガジン社ならびにご協力いただいた多くの方々に深く感謝申し上げます。

2010年6月

著者　小林敬和

CONTENTS
目次

はじめに　2

第１章　ボディコントロールとは　7
１　ボディコントロールのとらえ方　8
２　ボディコントロールと神経系のかかわり　11
３　クロストレーニングのすすめ　20
Column1　プレーヤーズ・ファースト　30

第２章　ボディコントロールを形づくるもの　31
Ⅰ　ボディコントロールを構成する要素　32
１　ボディコントロールのおもな動力資源　32
２　体力を構成するその他の要素　34
Ⅱ　バランス能力を高めるためには　37
１　ボディコントロールを支えるバランス能力　37
Ⅲ　姿勢反射を有効に活用するためには　43
１　姿勢変化に対応する反射と反応　43
２　スタビリティー・トレーニングとは　47
Ⅳ　ボディコントロールをトレーニングする　53
１　フットワーク　54
２　プライオメトリクス　56
３　左右差改善　59
４　股関節強化　62
Column2　キネティック・チェーン　66

第3章　身体とコンディショニングの基礎知識　67
Ⅰ　身体の基本的な構造と運動のしくみ　68
1　身体の統合メカニズム　68
2　骨・骨格系のメカニズム　68
3　筋肉系のメカニズム　71
4　神経系のメカニズム　79
Ⅱ　トレーニングの原理と原則　82
1　三大原理と五大原則　82
2　トレーニングの三大原理　83
3　トレーニングの五大原則　85
Ⅲ　トレーニングの基礎知識　87
1　トレーニングの処方　87
2　トレーニングの計画　89
3　トレーニングの実際　92
4　トレーニングの評価　95
Column3　トラウマティック・インシデント　96
第4章　テーマ別ボディコントロール　97
1　ストレングス系エクササイズ　98
2　パワー系エクササイズ　142
3　スピード系エクササイズ　178
4　バランス系エクササイズ　196
Column4　スキル・ティーチング／ラーニング　222
引用・参考文献　223
著者プロフィール　224

第1章

ボディコントロールとは

1　ボディコントロールのとらえ方

自分の身体を自在に動かしてパフォーマンスを競う――。競技スポーツでは不可欠の要素です。さまざまなスポーツには、その運動や競技種目に独自の性質があります。これを、運動特性あるいは競技特性といいます。

例えば、体操競技の選手は、さまざまな身体支持や複雑な回転、正確な着地等を次々と決めますので、ボディコントロールという観点では最高のレベルといえるでしょう。また、柔道等の格闘技の選手は、相手との間合いや力の均衡からタイミングよく技を仕掛けたり、逆に防御による身体のかわしも見事です。これも対人競技として素晴らしいボディコントロールを発揮しているといえます。

サッカーやバスケットボール、バレーボール、野球などに代表される球技では、ボールをコントロールする個人能力に加えて、相手とのさまざまな駆け引きによる素晴らしいプレーを生みだすボディコントロールが必要です。スキーやスケートはどうでしょう。これらは百分の数秒を争う競技であり、ハイスピードの世界でわずかなミスも許されない状況でのボディコントロールが求められます。一方、走・跳・投の専門的な能力を競う陸上競技では、種目によって異なるものの基礎的な体力・運動能力の資質が問われますので、それに見合ったボディコントロールが必要となるでしょう。

このように、スポーツではそれぞれ競技特性が違いますので、一概に「ボディコントロール」といってもその能力の有効領域が異なります。先ほど、ボディコントロールという意味だけでとらえると体操競技の選手が最も高いレベルにあると述べました。それでは、体操の選手に他のスポーツの特性である、対人的な組み手、ボールコントロール、投てき力などは必要でしょうか。同様に、重量級の柔道選手に対して、つり輪、スノーボード、マラソン等の技術や体力要素は必要でしょうか。答えは否です。体力・運動能力といった基礎的な要素の中で共通項は認められるものの、ボディコントロールのとらえ方は運動や競技特性により異なるものであるべきなのです。

より速く、より高く、より強く、よりしなやかに。究極のボディコントロールを目指すアスリートたちはそれぞれの競技で最大の力を発揮できるよう、つねに身体を鍛え、技を磨き続けるのです。

(1) 動きのメカニズムとは？

スポーツの動作には、「歩く」「走る」「跳ぶ」「投げる」「蹴る」「打つ」「滑る」「泳ぐ」など、さまざまな様式があります。ここでは、人間の最も基本的な動作といわれる「歩く」「走る」「跳ぶ」「投げる」に着目し、それぞれの動作における基本的なしくみを考えていきましょう。

「歩行（Walking）」と「走行（Running）」の決定的な違いは、両足が同時に地面から離れる瞬間があるかないかです。つまり、歩行はどちらか一方の足が必ず地面についており、走行は両足が地面から離れている時間があるということです。また、移動速度や身体負担度、消費エネルギーなどにも違いがみられます。健康ブームに合わせ、最近ではウォーキングやジョギングの生理的効果が科学的にも実証されて、正しい歩き方や走り方が紹介されるようになりました。

では「走行」と「跳躍（Jumping）」の関係はどうでしょう。先ほど説明した通り、走行は小さく「跳ぶ」状態を脚の交互運動で繰り返していますが、これを「跳躍」とはいいません。スポーツには、遠くに跳ぶ・高く跳ぶ・相手をかわして跳ぶ・捕るために跳ぶ・打つために跳ぶ等、競技や種目の目的があります。また「跳ぶ」動作は、原動力を確保するために、助走や踏み切り等の局面で「走る」動作を利用します。日常生活の中でこそ跳ぶことを強調する場面はありませんが、身体に危機が迫った時にはとっさに身をかわすために跳ぶこともありますので、必要最小限の脚筋力も必要です。

「投げる(Throwing)」動作は、特別の理由がない限り日常ではあまり使われません。「投げる」動作には投げる物体が必要です。スポーツでは、遠くに投げる・高く投げる・正確に投げる(相手に投げる・当てる)等、目的をもった動作が競技や種目となっています。近年、さまざまな生活環境の問題で子供たちが投げる動作から疎遠になり、キャッチボールすらうまくできない現象が生じています。「投げる」と「捕る=受ける」は人間の本能的な能力の一部です。今後は「投げられる」環境づくりと「投げる」経験を積ませることを重視したスポーツの役割が、より一層大きくなっていくでしょう。

(2) 運動や競技の特性を知る

人間の運動には、さまざまな力学的法則が働いています。スポーツの技能を習得するためには、こうした運動と力との関係を理解しなければなりません。そこで、トレーニングを効果的に行なうための基礎的な知識として、〝スポーツ・バイオメカニクス(Sports Biomechanics)〟という分野の理論があります。これは、人間の生物学的条件を考慮しながら、身体運動を力学的立場から研究するスポーツ科学のひとつです。すなわち、生体が自然界からさまざまな影響を受けながら動くとき、どうすれば効果的に力を発揮できるかを考える分野です。

地球上には重力が働いています。例えば、ジャンプ運動ではいくら助走をつけて強く踏み切っても、結局この重力によって身体は落下させられます。したがって遠くへ、あるいは高く跳ぶための運動技術を習得するためには、助走のスピードや踏み切り時のインパクト、飛び出し角度、空中フォーム、着地姿勢等を科学的に解析する必要があります。そこで得られた最適のタイミングが最もよい運動技術とみなされますが、それを引き出す体力的な資質も重要な条件となります。こうして、目的である運動についてその特色を明らかにすることを「運動特性」といいます。

この運動特性は「効果的特性」「構造的特性」「機能的特性」に大別されるという説もあります。「効果的特性」は運動の身体的発達に対する効果に着目したもの、「構造的特性」は運動の技術的なしくみに着目したもの、そして「機能的特性」は運動の欲求や必要性を充足する機能に着目したものです。さらに運動特性は、「体力特性」と「技術特性」に大別することもできます。「体力特性」はその運動や競技がどのような体力的要素で構成されているか、「技術特性」はどのような姿勢や動作など技能的要素で構成されているかで、それぞれ分類できます。いずれにしても、トレーニングはこうした運動特性を考慮して計画・実施されなければ効果的とはいえません。

2 ボディコントロールと神経系のかかわり

身体の動きは、神経系の支配を受けています。神経系は電気系統に例えられ、筋肉を動かすためには大脳からの信号が伝わらなければなりません。刺激を受けた筋肉は収縮運動によって関節を介して骨格を動かすのです。他方、心肺系はいわば動力系統であり、筋肉に収縮するためのエネルギーを供給しています。

人間の身体をクルマに例えてみましょう。どんなクルマでも、故障なくドライバーの意に応じた働きをすると「いいクルマ」として評価されますが、身体も同様です。単に身体各部のパーツを鍛えるばかりではなく、相応の神経系や心肺系を備えることによって自在にキビキビ動くようになります。身体もクルマも効率的に動くことは省エネにつながります。反対に、無駄な動きはパフォーマンスにつながらないばかりか、エネルギーを多く消費し、動き自体が制限を受け減速する要素にもなりえます。さらには故障の原因になることもありますので注意が必要です。

さて、一般的に「運動神経」と表現される能力があります。厳密にはこのような神経系統はありませんが、身体を自在に動かそうとするボディコントロールと神経系のかかわりは、まさに「運動神経」といわれるものでしょう。こうした運動神経のよしあしは、子供のころのさまざまな運動体験に基づくものだといわれていますが、近年では子供の体力・運動能力の低下が深刻な問題となっています。子供にとって遊びは運動の原点ですが、遊び場（運動する場所）が社会や学校、そして家庭内でも徐々に狭められ、時間的な制約も受けています。もちろん、こうした環境の改善は不可欠ですが、基本的な発育発達と最適なトレーニング時期についても理解を深める必要がありそうです。

（1）身体の変化とボディコントロール

ヒトは発育発達により身体が成長します。そこで、ここでは出生から成人までの身体の変化とボディコントロールを考えてみましょう。

図1－1は、ボディサイズの変化をあらわしたものです。これによると、骨・骨格の成長に伴って身体のサイズが変化しています。つまり、身体は長育（長さの要素）の主である身長を中心に変化し、そ

れに応じて量育（重さの要素）や幅育（周囲径など太さの要素）が備わってきます。つづく図1－2は、プロポーションの変化をあらわしたものです。少々奇妙なイメージ図ですが、これは各年代の身長を100%としたとき、身体の各部位がどのような割合であるかを示しています。つまり、発育発達を経てヒトの身体は均整がとれてくるのです。

出生時から成人までに主要な部分の割合は図1－3のように変化します。頭部は約2倍、腕部は約4倍、胴部は約3倍、そして脚部は約5倍の成長を遂げるといわれています。

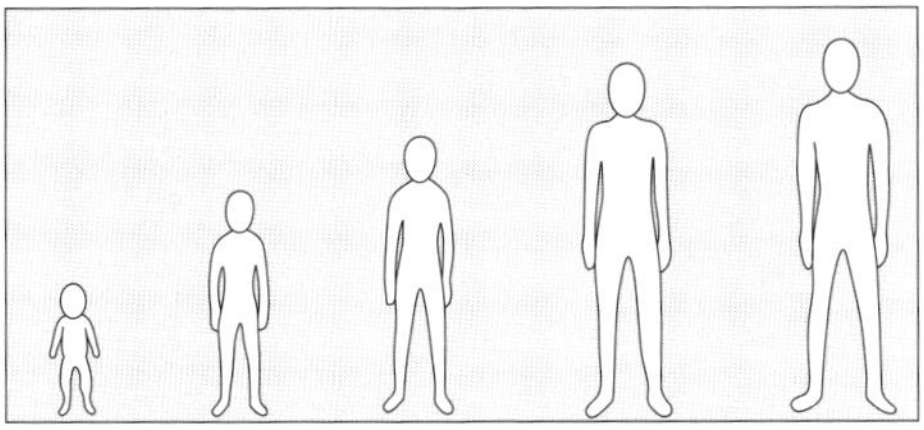

図1－1　出生から成人までのボディサイズの変化

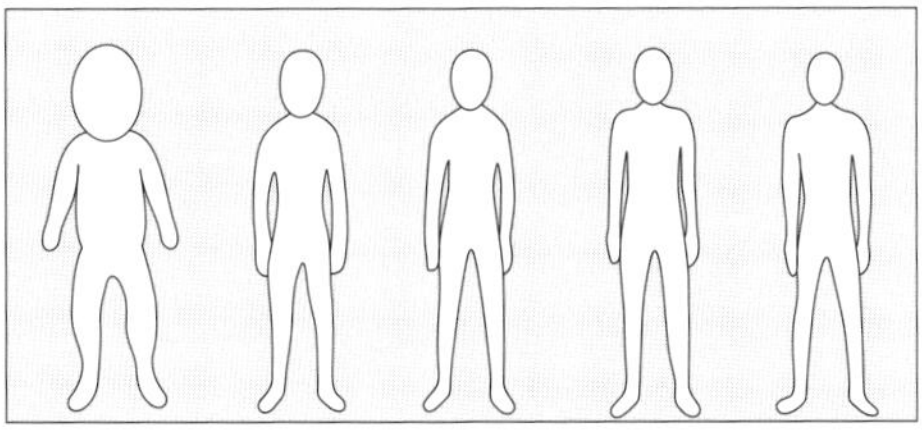

図1－2　出生から成人までのプロポーションの変化

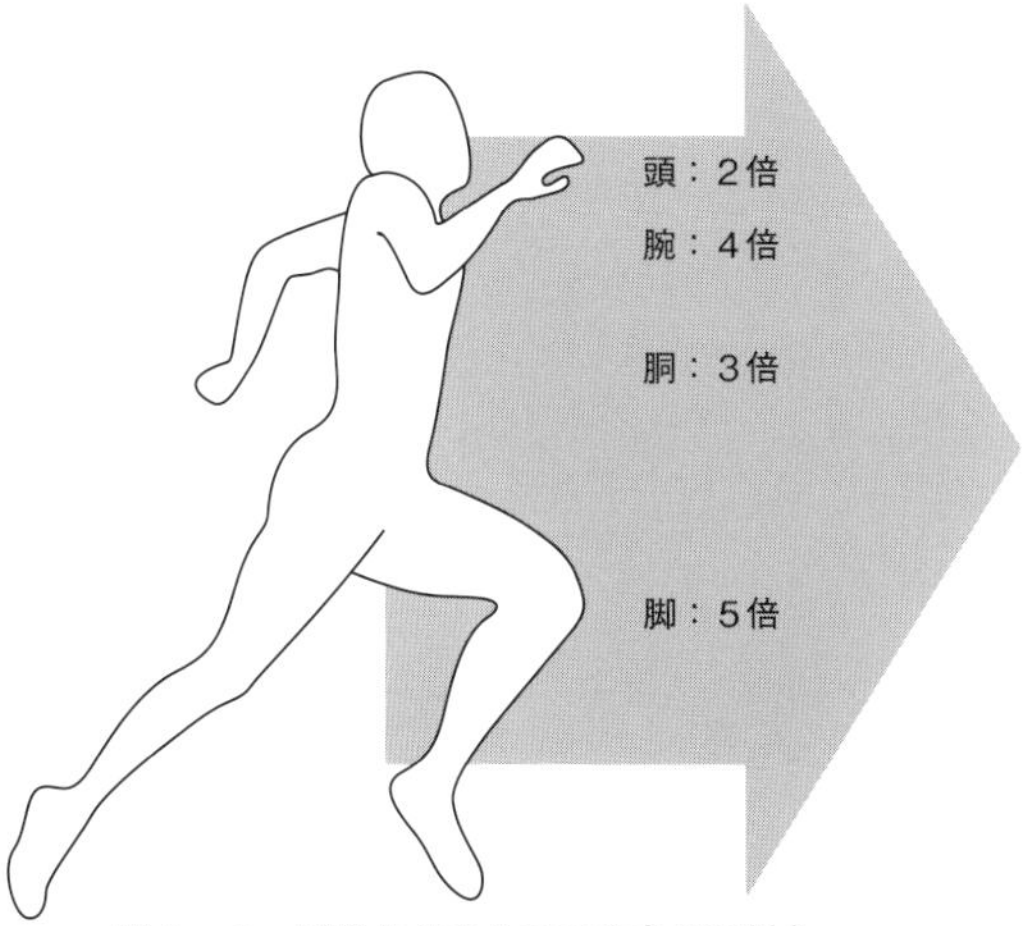

図1－3　出生から成人までの成長の割合
IAAF CECS 資料より小林翻訳改変

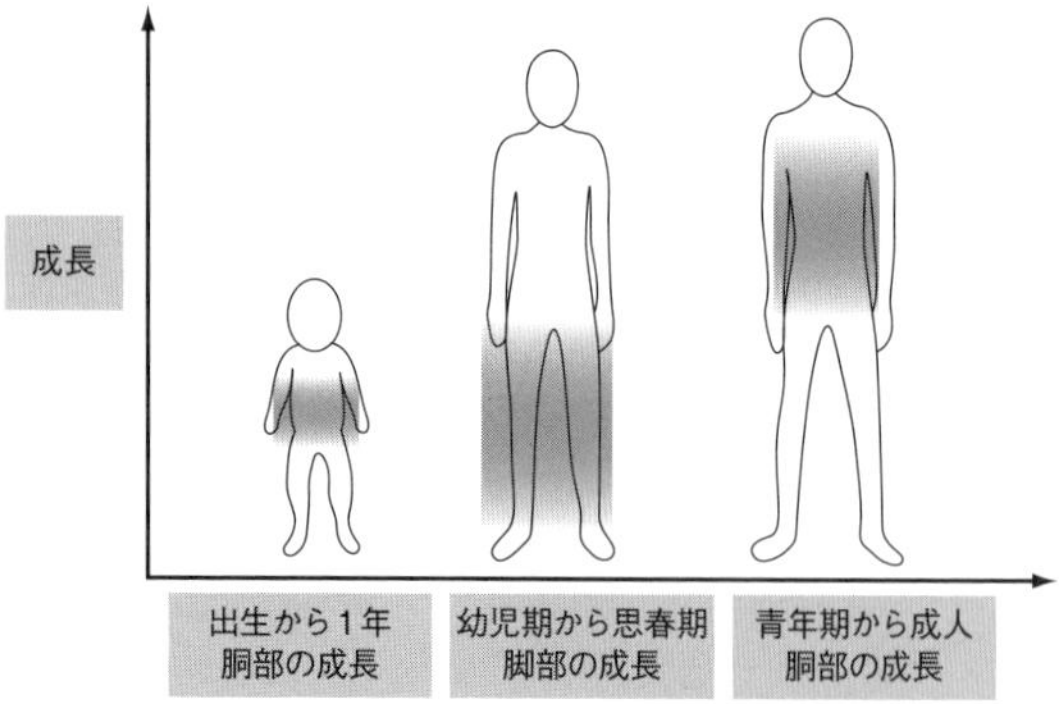

図1－4　出生から成人までの成長区分の変化

IAAF CECS 資料より小林翻訳改変

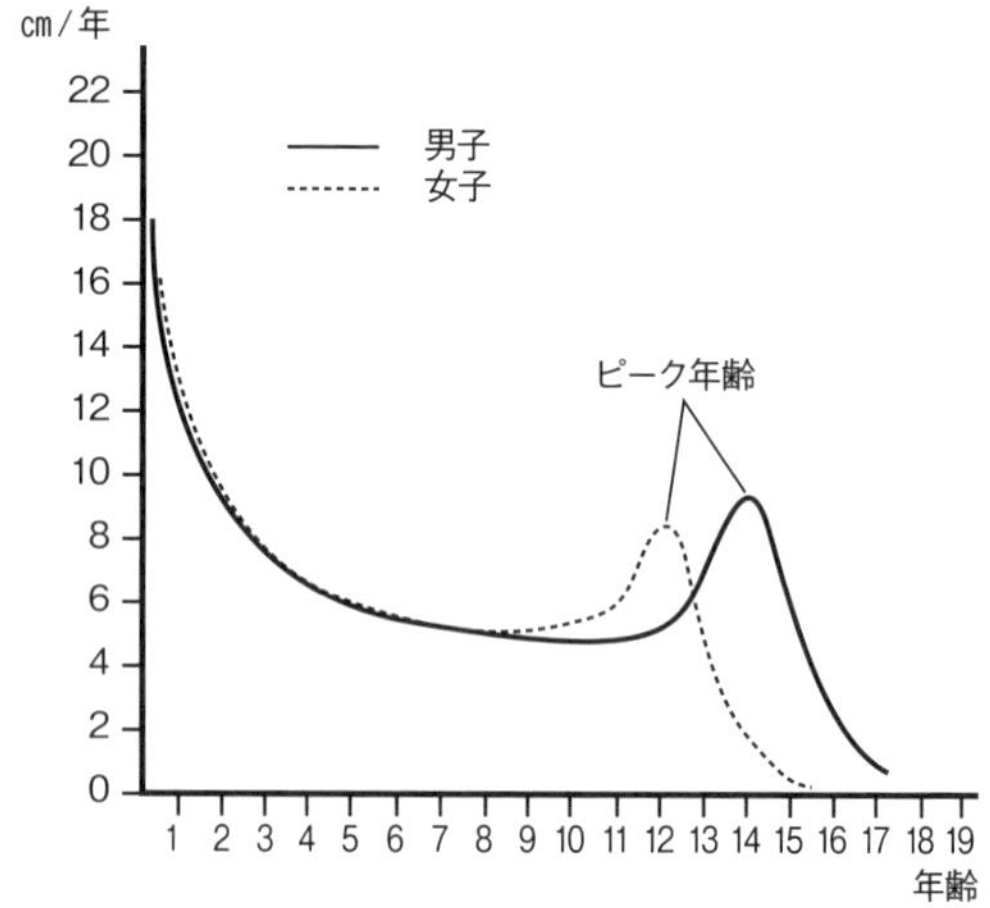

図1－5　身長の発育速度とピーク年齢

IAAF CECS 資料より小林翻訳改変

また図1－4は、各時期に著しく成長する区分（部位）の変化です。特に遊びやスポーツにかかわりをもちはじめる幼児期から思春期にかけては、脚部の成長が著しいことから、脚部に対して過度な負荷強度を避けながらも適切な刺激が必要であることがわかります。足首や膝関節、股関節をスムーズに動かす動作を含むスポーツ、あるいはトレーニングを積極的に取り入れるべきでしょう。さらに高校生以上の年代になると胴部の成長が著しくなるので、体幹を強化するトレーニングのバリエーションを増やすとよいでしょう。発育発達の時期には身体全体、あるいは各部のサイズやプロポーションが絶えず変化しますので、その時期に応じた適切なトレーニングを考えなければなりません。

身体の変化とトレーニングの関係には、個人差や性別なども考慮する必要があります。図1－5は、身長の発育速度を示したものです。年間成長量がピークに達する年齢（ＰＨＶ年齢：Peak Height Velocity of Age）は、女子が12歳前後、男子は女子に比べてやや遅い14～15歳です。またピークに達する年齢にも2～3年の差があり、ピーク値も8～14㎝と個人差があります。このような時期に、例えば一律の重量負荷でトレーニングを行なったり、一律に反復回数を10回、20回などと決めて行なったりすることがあります。これらは非常に便宜的ですが、個人差や性別を無視したトレーニングであることから、ある選手にとってはきつく、ある選手にとっては軽いものになってしまいかねず、ボディコントロールの観点では効果的とはいえません。

（2）発育発達に伴うトレーニング

成長期の子供たちにトレーニングを課す場合、身体の諸機能が最も成長する時期に合わせたトレーニングが重要になります。つまり、発育発達の時期ごとに最適なトレーニングを実施する必要がありま す。トレーニングには最適な時期があり、早すぎても遅すぎても十分な効果が得られません。したがって、年齢ごとの発育・発達の特徴を考慮して、運動能力を十分引き出すトレーニングを課していくことが大切です。例えば、身長の伸びが止まるまでは神経系や呼吸循環系のトレーニングを課し、身長の伸びが止まった後は筋系のトレーニングを課すといった具合に、それぞれの機能が最も成長する時期に合わせてトレーニングをすることが重要です。

敏捷性や調整力等、スポーツに大きな影響をおよぼす神経系の発達は非常に早く、4歳で成人のほぼ60%、8歳で80%以上が完成されます。細かな技巧が要求されるスポーツの基礎はこの時期に作られるため、いろいろな遊びを通して子供がスポーツに関心をもてるようにすることが大切です。スポーツの技能や持久力等に重要な役割を果たす骨格や筋肉と、それを支える諸臓器は年齢とともにゆっくりと発達していきます。ここでは、神経系の発達に伴った発育発達期にある小学生・中学生・高校生の各年齢時期に合ったトレーニングの考え方を紹介してみましょう。

① 小学生期

脳に代表される神経系の成長が著しい小学生期、特に10歳以下の時期には、のびのびと運動を楽しむ過程でいろいろな動きや基本動作（走る、投げる、跳ぶ、打つ、蹴る、泳ぐ等）を身につけさせ、それらを上手にできるようにすることが大切です。そのためにも、ひとつの運動種目に限定せず、さまざまなスポーツに親しませるようにしましょう。

ウエイトを用いた筋力トレーニングは、この時期の子供にとって無意味なだけでなく、骨や軟骨に故障を引き起こす危険性があります。性急に育てようとすると、結果的に子供の成長を阻害することになります。

この時期の子供に対しては達成可能な目標を設定し、それを達成できたときには褒めてやることです。目標が達成できなかったからといって叱責したり、達成できそうもない目標を与えたりして心理的に追い詰める指導をしていると、嫌気がさして運動から離れていってしまいます。指導の内容はわかりやすい言葉で表現し、親しみやすいように身振り手振りを交えて指導するなど、子供の身体と心に合わせた指導を工夫しましょう。

② 中学生期

小学校の高学年から中学生期は、持久力をつけるのに最適な時期です。成長に応じた運動という点では、巧みになった身のこなしを活かして少し長い時間、運動を続けてみるのがよいでしょう。これにより心臓や肺等の呼吸循環系が十分に働き、能力が高まります。

具体的には、持久走・サイクリング・水泳等の持久的な運動を最高心拍数（毎分190～200拍）の70～80％の強度で20～30分継続し、それを週に2、3回行なうと呼吸循環機能の改善に高い効果が期待できるといわれています。

また、筋肉の持久力をつけるために、軽いウエイトで回数を多く行なう筋力トレーニングや、自分の体重を負荷に利用した手押し車・懸垂・ロープ登り・腕立て伏せ等を行ないます。この時期は思春期にあたるため、子供は心理的に非常に不安定になりがちです。ちょっとしたことで動揺したり、反抗したり、自信をなくしたりします。女子のほとんどが初潮を迎えるので、正しい処置の方法や接し方にも気を配る必要があります。

この時期には、個人の性格や心の成長度合いの違い、また興味や関心の違いにも十分に考慮して子供をとらえることが大切です。

③ 高校生期

身のこなしが上手になりスタミナがついたならば、いよいよ力強い動きをするために筋力トレーニングを行ないます。中学生のときにはまだ骨が成長途中なので、バーベル等の重りを使わず体重を利用した腕立て伏せ・懸垂・手押し車・組体操等が望ましいでしょう。高校生になると骨の成長もほぼ終わるので、逆に骨を強くするという意味で重い負荷でのトレーニングが効果的です。

ここで注意したいのは、人間の身体は各関節によって発揮できる筋力が異なるということです。複数関節の運動は関節によって負荷が軽すぎたり重すぎたりして、筋力トレーニングでの効果が期待できないばかりか、障害が生じる危険さえあります。

そこで、複数関節ではなく単一関節の運動トレーニングを行なうようにします。まず、個々の筋肉に適切な負荷をかけて別々にトレーニングをするのです。運動順序は大きな筋肉から小さな筋肉へというようにローテーションを組みます。個々の筋肉を鍛えたあとで、投てきや跳躍といった目標とする動作に結びつけて、今度は複数関節でトレーニングをしていきます。この筋力トレーニングは、週に2日ないし3日行なうのがよいでしょう。

高校生期には身体の成長がほぼ完了するので、筋力トレーニングを規則的に実施して、パワーの開発に努めるのがポイントです。また心理的にも成長しますので、一人前のスポーツ選手として自立できるように、トレーニング計画や生活管理、チームづくりなどにも積極的に参加させるように働きかけ、最終的には自分で選手生活をコントロールできるようにします。

以上のように、小中高とそれぞれの時期に「身のこなしの巧みさ」「スタミナ」「力強さ」を高めていくことが大切です。

（3）早期専門化の弊害

成長期にある子供たちが、あまりに早くからひとつのスポーツ種目だけに打ち込むのは好ましくないと、スポーツ心理学者やスポーツ医科学者は指摘しています。早期専門化は、子供たちの偏った発達をうながすばかりか、偏ったトレーニングの増大によってさまざまな障害（使いすぎ症候群）を引き起こします。使いすぎ症候群は、同じスポーツの動作を何度も何度も繰り返し行ない、身体の一部を酷使することで起こる障害です。

子供の骨や関節は、大人のものとは違って成長過程にあるだけに、さまざまなストレスに弱いものです。一度でも怪我や故障を放っておいたり、治療が適切でなかったりすると、成長してからも変形が残って関節の動きが悪くなってしまうことも多いのです。特に、骨や軟骨がまだ成長途上の子供の場合は注意が必要です。

また、早期専門化によって、スポーツそのものについていけなくなる（ドロップアウト）子供や、心理的に飽きた状態をつくってしまうことで、いわゆる〝バーンアウト〟する子供も出てきます。

成長期にある子供たちには1種目の上達を望むのではなく、多くのスポーツに触れさせ、スポーツのもつ面白さや楽しさを十分に味わわせてやることが大切です。そして、オーバートレーニング予防のためにも、十分な休息を取りながら余力を残してトレーニングを行ない、適度な睡眠と十分な栄養を摂取することも重要です。

3 クロストレーニングのすすめ

(1) クロストレーニングとは

近年、さまざまなスポーツの現場において「クロストレーニング」と呼ばれるトレーニング方法が注目されています。特にアメリカでは、トレーニングというよりフィットネススタイル、ライフスタイルとして定着してきました。わが国では、クロストレーニングという言葉は比較的新しく1990年頃から使用されはじめたようです。

当初はリハビリテーションの一環として、怪我のために腕や脚の一部分が動かせないとき、別の部位(特に反対側)に筋力や柔軟性トレーニングを課すことをクロストレーニングと呼んでいました。別の部位を鍛えることにより受傷部位にも神経的な刺激を与え、諸能力の低下を最小限に止めようという効果を引き出すものという位置づけです。しかし、その後は専門とする運動・スポーツ、およびそのトレーニングの実施ばかりでなく、さまざまな要素を組み合わせて行なうことにより、総合的な運動能力の向上をうながす方法をクロストレーニングと呼ぶようになったのです。

現在では、クロストレーニングを「専門とする運動・スポーツへの効果を期待して、それ以外の運動・スポーツを複合的に実施すること」と定義しています。特に、有酸素系の運動を複合することによって持久力のアップはもちろん、各部のあらゆる筋力が鍛えられ、平衡性、敏捷性が増し、楽しく運動が継続できるといったメリットがあります。

陸上競技にデカスロン（十種競技）という競技があります。これは、古代オリンピックから受け継がれる「人間のオールラウンドな能力を競う」という発想を発展させた競技です。デカスロンは、走・跳・投から異質な10種目が定められ2日間で実施されるため、優秀な成績を収めるためには高い競技レベルでの能力の平均化（ハイアベレージ）が必要です。この競技のトレーニングの特徴は、まさにここでいうクロストレーニングの理論が基礎になっています。

デカスロンのトレーニングでは、多様な要求を満たすためにさまざまなアイテムを組み合わせたパズル的なプログラムを作成します。そこにはもちろんトレーニングの原理・原則があり、効果を引き出すための工夫があり、モチベーションを低下させない魅力を盛り込んでいきます。デカスロンのトレーニングが〝クロストレーニングの宝庫〟といわれるのも納得です。

(2) クロストレーニングの効果

クロストレーニングの効果には、次のようなものがあります。これらの効果により、オーバーユースによるさまざまなスポーツ障害を予防することができるほか、集中力が高まることによって怪我の予防やオーバートレーニングの予防にも役立ちます。

① 常時使っている筋肉とは別の部位の筋肉を使うことができる

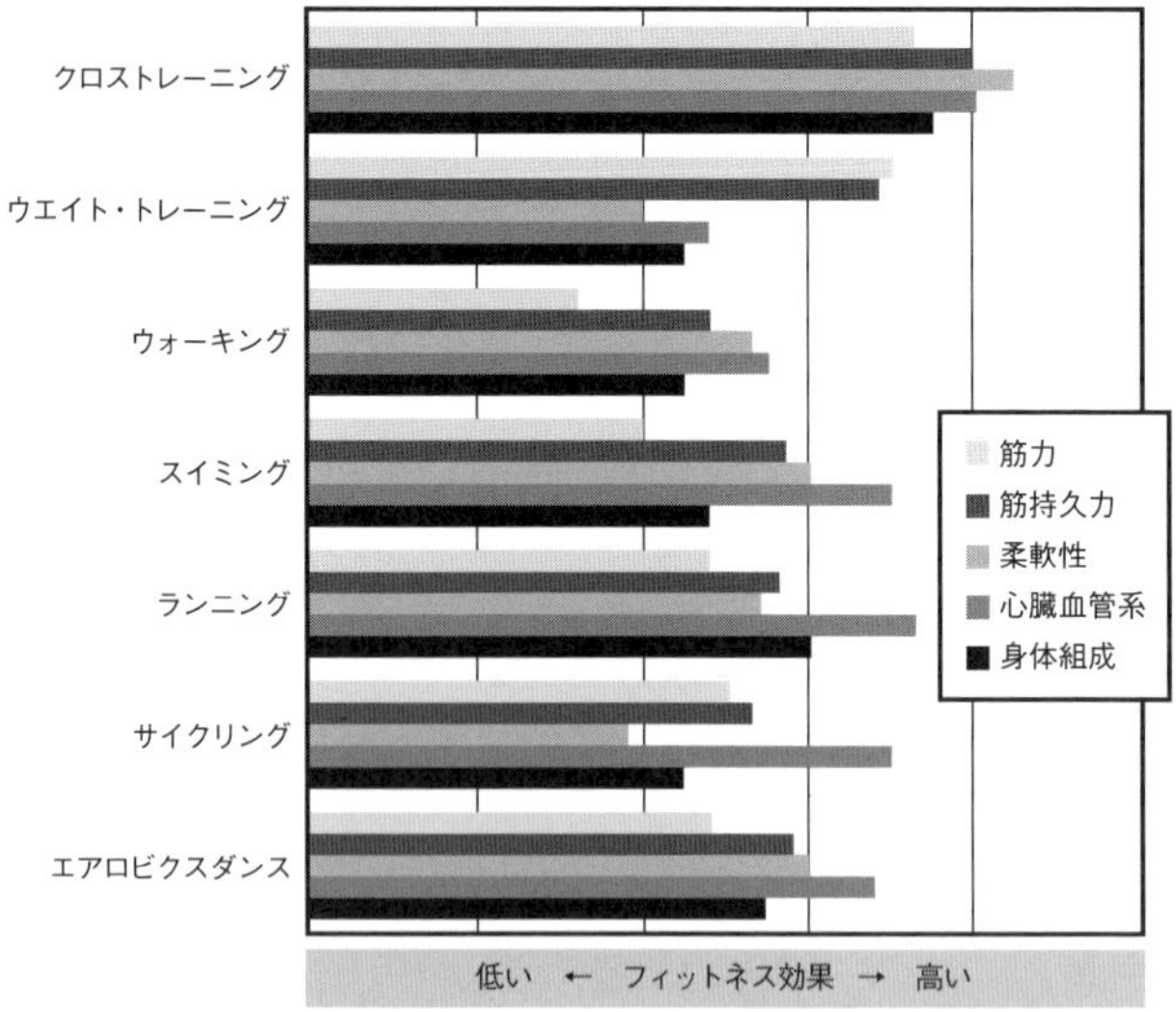

（Fitness Cross-Training. John Yacenda 1995を小林訳）

図１－６　クロストレーニングとフィットネス効果

②同じ筋肉を使用する場合も、負荷を変えることにより目的が異なってくる

③日ごろのトレーニングで蓄積された筋肉の疲労物質（乳酸等）を除去する

④比較的軽い負荷の場合、有酸素性運動となり心肺系のトレーニングとなる

⑤運動やトレーニングを楽しみながら行なうことで気分転換できる

図１―６は、クロストレーニングとフィットネス効果の関係をあらわしたものです。これによると、クロストレーニングは各種のスポーツやトレーニングに比べて、オールラウンドな身体能力の向上に効果があらわれるようです。専門に偏ったスポーツ・トレーニングばかりに時間を費やすことは、心身ともに多くのリスクを背負うものです。クロストレーニングのフィットネス効果を信頼して、斬新なトレーニングプランを導入することも必要ではないでしょうか。

（3）クロストレーニングの特色

①有酸素性持久力

水泳・自転車・ランニングで構成されるトライアスロンは、まさにクロストレーニングの代表的なものです。それぞれのトレーニング自体が呼吸循環系能力の向上に相乗効果をもたらします。これらは、持久力の獲得という共通項をもったクロストレーニングの代表例といっても過言ではありません。

②無酸素性持久力

スピード系やパワー系のスポーツでは、無酸素状態で運動を持続する、いわゆるスタミナ能力の向上が重要です。スピードスケートの選手が夏場に自転車でトレーニングする例がよく知られていますが、これはスタミナという共通項のみならず、筋出力の特性が類似しているという理由もあるようです。

③筋力・スピード・パワー

筋力およびパワー系のスポーツでは、素早く爆発的な筋収縮が要求されます。例えば、短距離選手はウエイト・トレーニングやプライオメトリック・トレーニング（P56参照）、階段のぼりや砂浜ダッシュなど、一定水準以上の負荷がかかるトレーニングを組み合わせたり、走り幅跳びや砲丸投げ、ハードル等のトレーニングを試みることが効果的です。

④敏捷性・平衡性・柔軟性

表1―①　長距離選手のクロストレーニング・マトリックス

	筋力	筋持久力	有酸素系	無酸素系	敏捷性	平衡性	柔軟性
ランニング		○	◎	◎			
自転車		◎	◎	◎		○	
水泳			◎	◎			○
球技系スポーツ		○			○	○	
エアロビクス・ダンス		○	◎				○
ウエイト・トレーニング	○	◎		○	○		○
サーキット・トレーニング	○	◎	◎		○	○	
プライオメトリクス	○	○			○		
アジリティー・トレーニング				○	◎		
スタビリティー・トレーニング	○					◎	
ストレッチング						○	◎

敏捷性・平衡性・柔軟性は、ほとんどのスポーツで必要な体力要素です。敏捷性は、身体の動作が方向や変化に素早く対応する能力です。平衡性は、身体の動作をコントロールするバランス能力です。そして柔軟性は、身体の機能的な可動域（静的）と円滑な動作（動的）ができる能力です。したがって、これらの要素はクロストレーニングとして関連づけて行なうことで大きな効果が期待できます。例えば、棒高跳びは筋力・スピード・パワー系の種目ですが、鉄棒や平行棒、マット運動等の器械体操を練習に多く取り入れます。これは、空中での感覚や動作（敏捷性・平衡性・柔軟性が複合した身のこなし）を養成するためのクロストレーニングになるのです。

（4）クロストレーニングの方法

① **長距離選手**（表1―①）

長距離走は、高いレベルの有酸素性持久力が要

表1―② 短距離・跳躍選手のクロストレーニング・マトリックス

	筋力	筋持久力	有酸素系	無酸素系	敏捷性	平衡性	柔軟性
ランニング		○	○	◎			
自転車		◎	○	◎		○	
水泳			○	◎			○
球技系スポーツ		○			◎	○	
エアロビクス・ダンス		○	○				○
ウエイト・トレーニング	◎	◎		○	○		○
サーキット・トレーニング	○	◎	○		○	○	
プライオメトリクス	◎	○			◎		
アジリティー・トレーニング				◎	◎	◎	
スタビリティー・トレーニング	○					◎	
ストレッチング						○	◎

求されます。当然、ランニングに要する時間が圧倒的に多いので、脚への負担は非常に大きくなります。そこで、自転車や水泳によるクロストレーニングが、呼吸・心肺系機能の向上に効果を発揮します。屋外での自転車のツーリングは気分転換になりますし、屋内のエアロバイクはペダリングによる各種測定やリハビリテーションにも活用できます。また、軽負荷で行なうウエイト・トレーニングやサーキット・トレーニングは、筋持久力の強化とスタミナ養成に有効となります。

② 短距離・跳躍選手（表1―②）

スプリントやジャンプ競技では、爆発的な筋収縮と高いスピードを持続する能力が要求されます。短い距離でのランニング（ダッシュ）や自転車・水泳でのショート・インターバル等、無酸素系の運動を多く取り入れること、そしてウエイト・トレーニングやプライオメトリクスで筋力強化を図り、アジリティー・トレーニング等で敏捷

表１－③　野球選手のクロストレーニング・マトリックス

	筋力	筋持久力	有酸素系	無酸素系	敏捷性	平衡性	柔軟性
ランニング		○	◎				
自転車			◎	◎		○	
水泳			○				○
球技系スポーツ		○			◎	○	
エアロビクス・ダンス		○	○				○
ウエイト・トレーニング	◎	◎			○		○
サーキット・トレーニング		◎			○	○	
プライオメトリクス	◎	○			○		
アジリティー・トレーニング				○	◎	○	
スタビリティー・トレーニング	◎					◎	
ストレッチング						○	◎

性を高める運動を行なうことが効果的なクロストレーニングといえるでしょう。

③ 野球選手（表1－③）

野球では、全身的なスタミナや筋力、柔軟性等、高いレベルでオールラウンドな能力が要求されます。各ポジションの運動特性にもよりますが、基本的には投げる・捕る・打つ・走る等、多くの技術的課題を長い時間をかけて習得しなければなりません。したがって、クロストレーニングの目的としては、気分転換や故障時のリハビリテーションとしての位置づけになります。また、身体各部位の筋力や機能性を高める必要性がありますので、フィジカルなトレーニングにも十分に時間を費やすべきです。

④ バレーボール選手（表1－④）

バレーボールは、ネットを挟んで対峙するコートスポーツで、非常に速い展開のラリーにおいて全身を使った各種の能力、および技能が問われる

表1－④　バレーボール選手のクロストレーニング・マトリックス

	筋力	筋持久力	有酸素系	無酸素系	敏捷性	平衡性	柔軟性
ランニング		○	◎	○			
自転車			○	○		○	
水泳			○				○
球技系スポーツ		○			◎	○	
エアロビクス・ダンス		○	◎				○
ウエイト・トレーニング	◎	◎		○	○		○
サーキット・トレーニング	◎	◎	◎		○	○	
プライオメトリクス	◎	◎			○		
アジリティー・トレーニング				○	◎	◎	
スタビリティー・トレーニング	◎					◎	
ストレッチング						○	◎

スポーツです。したがって、個々の能力として高いレベルの筋力やスタミナ、敏捷性、平衡性、柔軟性が要求されます。これらを向上させるには、ウエイト・トレーニングやサーキット・トレーニング、プライオメトリクス等の基礎的なトレーニングと、アジリティー・トレーニングやスタビリティー・トレーニングなどの神経筋協調系のトレーニングを多めに導入することが、効果的なクロストレーニングとなるでしょう。

⑤ゴルフ選手（表1—⑤）

ゴルフは、正確なショットをするために心身ともに高いレベルでのコントロール力が要求されます。パワフルなスウィング、繊細なコントロールショット、アップダウンを歩くスタミナ等、ゴルフに必要な要素は、さまざまなクロストレーニングで習得することができるでしょう。飛距離を上げるためのクラブの素材開発も急速に進化していますが、それを使いこなすだけの身体能力の向上

表1－⑤　ゴルフ選手のクロストレーニング・マトリックス

	筋力	筋持久力	有酸素系	無酸素系	敏捷性	平衡性	柔軟性
ランニング		○	◎				
自転車			○	○		○	
水泳			○				○
球技系スポーツ		○			○	○	
エアロビクス・ダンス		○	◎				○
ウエイト・トレーニング	◎	◎			○		○
サーキット・トレーニング		○			○	○	
プライオメトリクス	◎	◎			○		
アジリティー・トレーニング				○	◎	○	
スタビリティー・トレーニング	◎					◎	
ストレッチング						○	◎

表1－⑥　格闘技選手のクロストレーニング・マトリックス

	筋力	筋持久力	有酸素系	無酸素系	敏捷性	平衡性	柔軟性
ランニング		○	◎	◎			
自転車			◎	◎		○	
水泳			○				○
球技系スポーツ		○			○	○	
エアロビクス・ダンス		○	○				○
ウエイト・トレーニング	◎	◎		○	○		○
サーキット・トレーニング	◎	◎	◎		○	○	
プライオメトリクス	◎	○			◎		
アジリティー・トレーニング				○	◎		
スタビリティー・トレーニング	◎					◎	
ストレッチング						○	◎

も侮れません。また、ゴルフは典型的なラテラルスポーツ（片側負荷）ですので、特に腰部や背部筋群、手首・肘・肩関節の強化や保護のためにクロストレーニングの役割は大きいといえるでしょう。

⑥格闘技選手（表1―⑥）

格闘技は、高いレベルのスピードやパワー、敏捷性・平衡性・柔軟性が要求されるスポーツです。おもに対人競技で、押す、引く、投げる、打つ、蹴る、跳ぶ、踏み込むというような動作がありますので、オールラウンドな身体能力と高いバランス能力が必要です。したがって、対人的な技術系トレーニングばかりでなく、クロストレーニングとして有酸素系・無酸素系のスポーツを取り入れたり、基礎的な体力トレーニングで身体各部の筋力や関節支持力を高めることが重要です。

ボディコントロールは、身体を自在に動かすといった目的を叶える万能性をもった能力です。しかし、これまで述べたように、それぞれのスポーツの競技特性によってその有効領域が異なるため、動きのメカニズムや神経系とのかかわりを知ることが基本となります。さらに、発育発達の時期に合わせた適切なトレーニングを行なうことによって、より効果的な体力・運動能力が培われます。早期専門化を避けるための〝プレーヤーズ・ファースト（選手第一・P30コラム参照）〟の考え方に基づき、クロストレーニングをとり入れる等、トレーニングに対するさまざまな工夫が必要となってきます。

Column 1

プレーヤーズ・ファースト

サッカー界で使われる“プレーヤーズ・ファースト（Players First）”という理念は非常に有名ですが、同様に国際陸上競技連盟にも“アスリーツ・ファースト、ウィニング・セカンド（Athletes First, Winning Second）”という基本理念があります。おそらくどのスポーツ競技にも、このような選手を第一とした考え方があると思われますが、その競技の発展や選手の人格形成をも含む、非常に広い意味をもつ言葉といえるでしょう。

この言葉は、選手の発育発達やその時期に応じた適切なトレーニングを行なう際に、また早期専門化を避けるという観点からも守られるべき考え方といえそうです。その選手を将来的に伸ばすためにはどうしたらよいのか、いまの成果（勝つこと）はどのように位置づけられるのか、トレーニングの質や量は適切なものか――。こうしたことを検討するときは、やはり“選手を第一に”という理念や姿勢を貫くべきでしょう。

指導者や選手のみなさんが本書を参考にされる場合も、トレーニングやエクササイズの単なる模倣ではなく、またその負荷強度を過度に、あるいは一律にしないという方針をもって活用すべきです。指導者は選手の目標レベルに応じて、選手は自らの能力レベルに応じてトレーニングを採用することが、ここでいう“プレーヤーズ・ファースト”の基本であると考えます。

第2章

ボディコントロールを形づくるもの

Ⅰ　ボディコントロールを構成する要素

1　ボディコントロールのおもな動力資源

ボディコントロールは、自在に身体を動かすことのできる能力です。図２－１では、ボディコントロールを構成する代表的な４つの要素をあげています。

ボディコントロールを構成する要素には、体力・運動能力の諸要素の中から代表的なものが動力資源として活用されます。注意したいのは、これらは単独に作用するわけではなく、相互に関連して機能的に作用させる必要があるということです。一般的に、〝パワー＝筋力×スピード〟といわれますが、それぞれの要素に〝バランス〟の要素が働かないと適切なパワーが発揮できません。すなわち、最適な筋力と最適なスピードで最適なパワーが生じるのです。この〝最適な〟部分を見出すことが〝コントロールすること〟であり、それを支えるものが〝バランス能力〟といっても過言ではありません。

（１）筋力 Strength

筋力とは、骨格筋によって生み出される力です。大きな筋力の獲得が、多くのスポーツ選手にとって魅力的な目標であることに異論を唱える人はいないでしょう。しかし、やみくもに筋力を高めても意味がないということも、また自明です。筋力には、自分のほうから力の強さを意識的に決めて出す能動筋

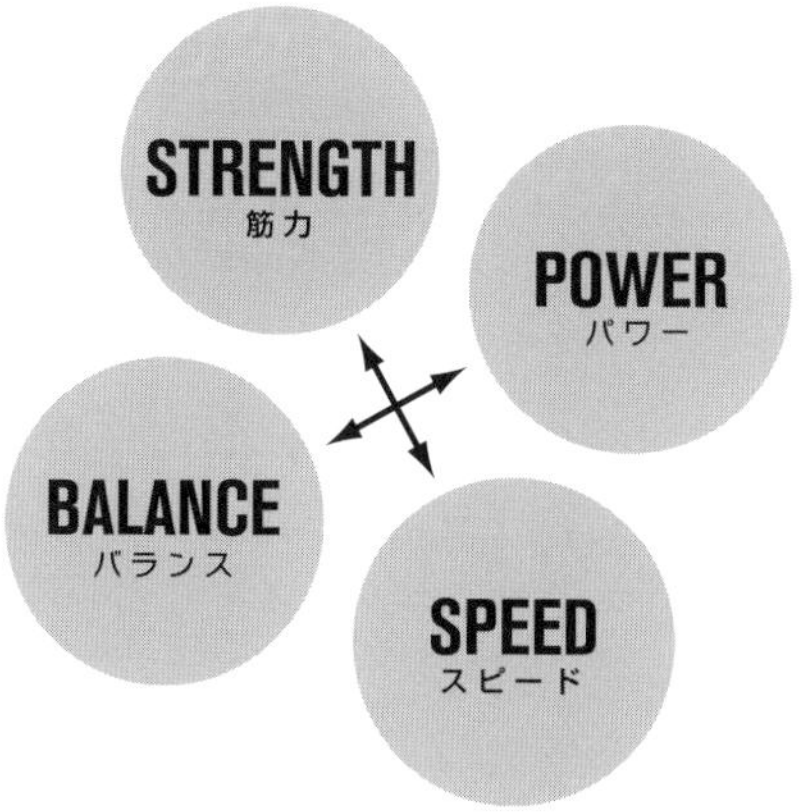

図2－1　ボディコントロールを構成する要素

力と、外部からの力に応じて力が自然にあらわれる受動筋力という分類があります。前者は多くのスポーツ動作に存在する筋力であり、後者は柔道等の対人競技で相手の力を利用する際に引き出される筋力です。

ストレングス系のエクササイズを通じて、正確な筋出力やそのタイミングを習得しましょう。

(2) スピード Speed

ここでいうスピードとは、筋収縮の速さを意味します。したがって、筋力とスピードは密接に関係しています。スピード系トレーニングの最大のねらいは、加速や等速でのスピードレベルをいかに高められるかです。力んだ状態だと運動の効率が上がらず、スピードの領域で身体をスムーズに動かすことができません。そのためには、リラックスした姿勢や動作の状態が必要です。

スピード系のエクササイズを通じて、リズミカルでスピーディーな動作を習得しましょう。

（3）パワー Power

筋肉の収縮運動が速くなるほど高い力が発生します。スポーツの世界でいうパワーとは、爆発力や瞬発力を意味し、通常「筋力×スピード」と考えることが常識的です。多くのスポーツにおいてパワーは重要な能力であり、さまざまな競技の選手がパワー向上を目指しています。

パワー系のエクササイズを通じて、パワフルでダイナミックな動作を習得しましょう。

（4）バランス系 Balance

ここでいうバランスとは、ボディコントロールを支えるバランス能力と考えます。すなわち、他の3つの系列の基礎となるばかりでなく、姿勢や動作に保持・回復、安定・不安定などの要素が盛り込まれます。

バランス系のエクササイズを通じて、ボディバランスを高め効率のよい動作を習得しましょう。

2 体力を構成するその他の要素

多くの指導者や選手は、質量ともに〝トレーニングをした！〟と実感できる筋力トレーニングや、種目の特性に見合った技術トレーニングがメインと考えています。体力要素のうちでも、以下に述べる柔軟性トレーニングや平衡性トレーニング等は、とかくトレーニングとしての時間的配分が少なく、その位置づけは比較的小さいように感じられます。しかし、ボディコントロールを高めるためにはこうした柔軟性や平衡性、さらには敏捷性、巧緻性、調整力といったボディコントロールを支える役割の要素も重要と考えられます。これらを軽視することなく、トレーニングとしての時間配分や実際の時間確保も十分にする必要があります。

(1) 柔軟性 Flexibility

柔軟性は、関節がその可動範囲を動く能力です。関係の深い筋や関節の構造・機能の面からみても、柔軟性は競技力アップに不可欠な要素といえます。また、柔軟性の評価はスポーツ障害の予防としても重要視されています。

能力を高めるものとしてはストレッチングが代表的ですが、実施する競技や種目で実際に使われるさまざまな動作を取り入れる動的柔軟性、〝ダイナミック・ストレッチング〟が効果的です。自分自身の力で引き出される能動的な柔軟性は、筋力が乏しければ小さく、力みすぎても十分伸びないという特性が明らかになっています。したがって、動的柔軟性は競技特性に適したパフォーマンス向上には必須の要素といえるでしょう。

(2) 平衡性 Balance

平衡性は、身体の平衡を調整する能力といっていいでしょう。姿勢保持に関連する筋の筋力や、筋と中枢神経間の協調、すなわちコントロール機構等、広い分野の身体機能に関与しています。一般的な平衡性のテストとして閉眼片足立ちが代表的ですが、こうした静的な平衡性より、むしろ動的平衡性である〝ダイナミック・バランス〟、つまり動作に必要なバランス能力のほうがスポーツには有用であると考えられます。

（3）敏捷性 Agility

敏捷性は身体の一部、あるいは全部をある方向に素早く動かすことのできる能力で、トレーニングとしては〝アジリティー・トレーニング〟が主流を占めています。ミニハードルやラダー等は、最初はうまくできなくても練習を重ねるうちに上達します。一生懸命練習をするのはよいことですが、こなすスピードを競ったり、クリアする達成感に浸るだけではトレーニングの効果が半減してしまいます。ときに、腰が折れ上体がかぶりすぎ、腕振りがなっていない光景を目にしますが、みなさんのまわりでもそんな人はいませんか？　確かに、素早ければいいという理屈もあるのでしょうが、正しい姿勢で正しい動きをリズミカルに行なうことを、そもそもの基本と考えてください。

（4）巧緻性 Skill

巧緻性とは、動作の巧みさや器用さを示す能力で、環境に適応して動作を調整し目的を達成する能力です。細かな動作や複雑で難しい動作でもうまく器用にこなすことができたり、はじめて行なう運動でもすぐに適応できる能力がこの巧緻性にあたります。サッカーのボールリフティング等は代表的な巧緻性能力といえるでしょう。しかし、あたりまえのことですが、これだけではサッカーの能力を推し量ることはできません。

(5) 調整力 Coordination

調整力も行動体力を構成する要素のひとつです。一連の運動をスムーズにまとめる能力といわれており、これまでの柔軟性や平衡性、そして敏捷性や巧緻性などと深く関係しあう統合的な能力といえます。体操選手が次々と連続技を決めるためには、こうした統合能力が必要不可欠です。

Ⅱ バランス能力を高めるためには

1 ボディコントロールを支えるバランス能力

バランスには、2つの力や傾向などの釣り合い（平衡や均衡）といった意味があります。したがって、バランスには保つ（保持する・維持する）作用と、戻す（回復する・修復する）作用、両者の微妙な均衡状態があると考えられます。また、これらをコントロールする作用もバランス能力の特徴といえるでしょう。

身体の諸能力が高まると、身体は形態的に変化を遂げます。例えば、筋力が発達することによって筋量が増すと、重心や軸の感覚が若干異なってくるといわれています。子供のころ簡単にできた動きが、成長して身体が大きくなったらうまくできなくなる等はそのわかりやすい例です。ジュニア時代から活躍する体操競技やフィギュア競技の選手たちにもこのような現象があるといわれています。また、運動による負荷の影響を受けて身体が何らかの物理的ストレスを感じることもあり、それによって例えばジャンプが跳べなくなるということもあるようです。

こうして身体のバランスが崩れると、トレーニングの効果がパフォーマンスとしてあらわれない場合が出てきます。これは単に「身体のバランスが悪い」と済まされることではなく、トレーニングの効果を求める人たちにとっては深刻な問題です。体力の諸要素の全般的なバランスアップもさることながら、要素のひとつとしてのバランス能力を高める努力もたいへん重要な課題なのです。

身体のバランスは骨格の位置・筋肉の量的なバランスにより保たれ、正常な生理的動作ができていれば、最も力のロスの少ない安定した動き、いい換えれば骨格筋にかかるストレスが少ない動きになります。こうした動きは、安全かつ効果的に力を発揮できる動作、つまり怪我の発生率を最小限にコントロールしながら最大の力を発揮できる動作となり、慢性的な疾患の発症を防ぐことにもつながります。また、動きが安定するということは重心の移動がうまいということでもあり、どのスポーツにおいても必須の条件となります。そして、力のロスが少なくなれば、疲労しにくくプレーを持続させることもできるようになります。

このように、姿勢を保持したり調整したりする能力をバランス能力といい、姿勢の状態によって静的バランス能力と動的バランス能力に分けられます。

静的なバランス能力は、支持基底面（接地して体重を支えている部分）を動かさないで安定した姿勢を保つ能力です。ゴルフのスウィングや野球のバッティング、弓道、アーチェリーなどの射的競技が代表的ですが、両足でしっかり地面をとらえて安定した姿勢で行なうスポーツにおいて発揮されます。一方、動的なバランス能力は、重心の移動に伴って重力以外の外力が加わる比較的不安定な姿勢を支える能力です。ランニングやジャンプなどの陸上競技のほか、球技や格技種目に至るまで多くのスポーツでこの能力が問われます。

次に、バランス能力に存在する3つの作用を紹介します。3つの作用とは、バランスを保持する・維持する〝キープ（Keep）〟、回復する・修復する〝リカバリー（Recovery）〟、そしてこれらを調節する〝コントロール（Control）〟です。

(1) バランスを保持する・維持する

スポーツにおいて、バランスを保持する・維持する役割は不可欠の要素です。安定した姿勢や動作はフォームとしてあらわれ、効果的な力の伝達やエネルギー消費はパフォーマンスによい影響をもたらすでしょう。例えば、いつでも同じフォームで打ったり投げたりできれば、プレーが安定しミスが少なくなります。こうしたプレーの再現性は成績にもよい影響をもたらします。とはいえ、つねに勝てるという絶対要件ではもちろんありません。バランスがいいという要素は、よりよく、より巧みに、より強くなるための基本要素であるという認識であるべきです。実戦の場だけではなく、トレーニング時においても安定した正しい姿勢や正確な動作で行なうことは、パワー等の体力的要素やスキルの向上を促進し、トレーニング効果を引き出す要因となるでしょう。

感覚機能のひとつに平衡感覚があります。これは、身体の全体、あるいは各部位の位置を認識し、運動のさまざまな変化に素早く対応する機能です。これがうまく作動しないと運動が円滑に行なわれないばかりか、立っていることも困難な状態になります。バランスが保たれている状態で倒れないという状況では、視覚や触覚、筋肉や関節の運動をコントロールする感覚などが関与していますが、その中で最も大きな役割を果たしているのが平衡感覚です。

平衡感覚の働きをつかさどる器官は、内耳の三半規管と耳石器であり、これを平衡感覚器といいます。三半規管は頭や身体の回転を感じ、耳石器は頭の傾き等の位置を感じとります。これらの情報は電気信号となり、脳幹を経て小脳に送られ、小脳は大脳にある視覚（眼球の位置をコントロール）や触覚等とも関係しながら身体のバランスを保ち、日常生活の動作や運動をスムーズに成し遂げているのです。

（2）バランスを回復する・修復する

スポーツにおいてバランスを回復する・修復する役割もまた不可欠な要素です。スポーツをしているときの姿勢や動作は、つねに安定した状態にあるとは限りません。むしろスポーツの多くの局面は、絶えず不安定な状態にあるといえます。例えば、いかに安定した姿勢をつくっても、その場で動かずにいるわけにはいきません。足が1歩前に出れば軸が倒れ、重心もその方向に動かないと動作がはじまらないのです。1歩前に出るという不安定な状態を自らつくり、その1歩に乗り込んで安定に向かい、さらに次の2歩目の不安定状態へ。これら一連の動作が断続的に繰り返されるのです。したがって、バランスを回復する・修復するという作用は、その前提としてバランスを保持する・維持することが不可欠です。

人間は重力下において特定の姿勢を維持するために、さまざまな方向に分散する力を集約する能力をもっています。これは、姿勢を安定させるためのコントロールです。しかし、姿勢は絶えず変化し続けているので、不安定な状態をもうまくコントロールする必要があります。失ったバランスを素早く修復させる能力も、同時にもち合わせていなければならないのです。そこで、ひとたびバランスが崩れたら、その信号を平衡感覚器がキャッチし、脳はバランスを元に戻すために、直ちに各器官に修復作用を求めるというメカニズムが働きます。

(3) バランスをコントロールする

バランス能力はどのようにコントロールされるのでしょう。バランスを保持する・維持する状態では、倒れまい・崩れまいといった防衛反射が働き、ぐらぐらしながらも耐えようとする力が働きます。一方、崩れたバランスを回復する・修復する状態では、姿勢を元に戻そうとする姿勢反射が働き、不安定な状態から安定状態へと立ち直る力が働きます。これらはいずれも自動的に起こる現象で、重力とも関係しながら身体機能が正常に作動している証拠です。

立っていて不意に後ろから押された場合、一瞬倒れまいとして腕をぐるぐる前回しします。反対に、前から突かれると後ろに倒れないように腕をぐるぐる後ろ回しします。これは反射的に起こる行動で、こうした動作で姿勢を立て直すためのコントロールをします。それでも間に合わなければ足が出て、倒れ込みにストップがかかります。もし動作が遅れ倒れ込んだとしても、とっさに主要な関節が曲がり、膝や尻、肘や手などがつくことになります。

姿勢変化を受けるヒトの感覚情報には、次の5つのプロセスがあるといわれています。1つ目は、立っているという足裏の圧力を皮膚感覚器が感知します。つづいて、筋の固有感覚受容器から伸張反射が起こった（筋が伸ばされて前に足を踏み出した）ことが伝えられます。3つ目のプロセスとしては、足の着地によって衝撃を受け、関節を固定して支持しようとする関節受容器からの情報が得られます。ここまでの一連の感覚は、体性感覚と呼ばれています。4つ目は、前にも述べましたが平衡感覚器による頭部などの変化情報のキャッチです。そして5つ目は、視覚による外部情報すなわち位置を知るプロセスです。

こうして収集された感覚情報が中枢神経にフィードバックされて、バランスがコントロールされますが、そこには3つのタイプの調節機能があります。脊髄と脳幹レベルで行なわれる反射的なもの、おもに大脳皮質レベルで行なわれる随意的なもの、そして随意的なものが習慣化され、そののちに自動化されるものがそれです。

反射は人間のもつ本能的な能力のひとつで、危険がおよぶと、とっさに身をかがめたり頭を押さえたりする無意識の行動です。随意的な運動は感覚受容器から得た情報を感知して、次にどのような行動をするかを判断した上で筋肉を動かす行動です。自動化は反復動作が習慣化して学習された行動で、「スキル（うまさ）」にあたるものと考えていいでしょう。

Ⅲ 姿勢反射を有効に活用するためには

1 姿勢変化に対応する反射と反応

人間は危険を察知すると、無意識に素早く身をかがめたり頭を抱える動作をします。これは防衛反射と呼ばれるもので、運動の命令を受けて神経から刺激が伝達されるのではなく、誰もがもっている本能的な反射メカニズムが機能します。

人間の筋肉活動は、「姿勢反射機構」という感覚機能によって制御され、頭と体幹や四肢の正常なアライメントの保持・修正をしています。姿勢反射は、姿勢の平衡が乱れたときに自動的に立ち直り、さらに姿勢を安定させようとする働きをします。その代表的なものとしては、緊張性迷路反射や緊張性頸反射、非対称性緊張性頸反射、足蹠《せき》反射等があり、これらは日常の動作に限らず当然スポーツ動作にも出現しますので、理解する必要があります。

こうした先天的なメカニズムとは異なり、トレーニングによって獲得できる動的な姿勢反応もあります。これらは、立ち直り反応や平衡反応と呼ばれるもので、重心の変化に対応するバランス反応です。

地球上では避けることができない重力下での身体活動は、先にも述べたように筋肉や骨格、およびその周辺部にさまざまな歪みを生じさせます。特に、スポーツ時は日常生活よりも数倍の荷重がかかっていますので、姿勢変化に対応するバランス感覚に誤差が生じ、パフォーマンス向上に不利益な影響をもたらします。したがって、身体に正常な姿勢反応を呼び起こす補助的な手段が必要になってきます。

「身体がやわらかいのに動きが硬い」アスリート、逆に「身体が硬いのに動きがやわらかい」といわれるアスリートがいます。これにはさまざまな要因が考えられますが、筋の伸展力や関節の可動域は当然のことながら、姿勢反射等も関係しているのです。姿勢反射は人間が本来もっている身体の自動的なコントロール能力です。この反射の出方が鈍いと動きが硬くなり、逆に鋭いと動きが円滑になります。

姿勢反射をもう少し具体的に説明してみましょう。例えば、走り高跳びでは踏み切り時に身体をより高く上げようとして視線を上げると上体が起きます。さらにバーの上で思いきり頭を後屈させると大きな背面ブリッジができます。そして急激に顎を引くことによって身体が前方に屈曲し、下肢が跳ね上がってバーをクリアすることができます。こうした一連の動作が自然に発現することで、動きの柔らかさが生まれるのです。踏み切り時に力んで顎を急激に引いてしまったり、それとは逆に顎が上がった状態が続くと動きが固定してしまいます。陸上競技に限らず、あらゆるスポーツにはこのような反射による動きのメカニズムがあります。

以下、先ほどあげた姿勢反射の代表的なものを簡単に説明しておきましょう。

(1) 緊張性迷路反射

緊張性迷路反射は、身体に対する重力の方向に応じて伸筋の緊張が変化する反射です。仰向けのときに伸筋の緊張が最大になり、うつ伏せのとき最小になります。身体が前に倒れると、屈筋群が優位に働いて腹部や四肢が曲がりやすくなります。逆に後傾すると伸筋群が優位に働いて胸部や四肢が伸びやすくなります。うつ伏せになると背中を丸め手足を曲げる動作、仰向けになると大の字になって手足を伸ばそうとする動作がこれらに相当します。端的にいえば、重力に対して起こる反射ということになります。

(2) 対称性緊張性頸反射

対称性緊張性頸反射は、頭部と体幹、および上肢・下肢の関係から起こる反射です。

例えば、陸上競技のスタートダッシュでは、低い姿勢から顎を引いて力強く飛び出します。このようなとき、この反射が作用して上肢は曲がりやすくなるので、前傾姿勢を保つことができます。逆に下肢は伸びやすくなるので、スターティングブロックを強く蹴り出すことができます。スタートですぐに頭を上げてしまう初心者等は、この反射を活用できていません。また、通常のランニングでも疲れると顎が上がってきますので、膝が曲がりやすくなり重心も落ちてスピードが鈍る結果となります。「顎を引け！」「目を開けろ！」というコーチの掛け声や周囲のアドバイスは、しっかりと動作を意識させるためでもあります。

また、逆立ちでは顎を上げることで腕を伸ばしやすくなるため倒立姿勢を維持できますが、顎を引くと倒立できず前転をしてしまうこともあります。

(3) 非対称性緊張性頸反射

非対称性緊張性頸反射は、頭部と体幹のひねりとの関係から起こる反射で、顔の向いた側の上肢・下肢に対して伸筋が優位に働き、顔の向きと反対側の上肢・下肢に対して屈筋が優位に働くという特性です。

例えば、後ろを振り向くときは少し顎を上げて肩越しに見るのが普通です。このとき、顔が向いた方向に体幹や下肢が伸展しやすくなり、その反対側が屈曲しやすくなります。弓を引く動作では、弓を持った方向に顔が向き弓を持つ腕が伸展します。逆に弦を引く腕は曲げて、頭の後ろで矢を放つ力をためます。テニスでサーブを打つとき、インパクト時の姿勢も同様です。ボールをトスする腕とその側の体幹は伸び、ラケット側の腕や体幹は曲がっています。やり投のパワーポジション（投射の構え）やピッチング動作での腕のバックスウィングでもこの反射がみられます。

（4）足蹠反射

足蹠反射も多くのスポーツ動作の場面でみられます。これは、つま先を背屈させると大腿四頭筋の筋出力が高まり、屈曲させるとハムストリングスの筋出力が高まるという特性です。

長座体前屈（脚を揃えて座り前屈する姿勢）を例にあげると、つま先が手前を向いていると脚全体がピンと伸びます。逆につま先を前に伸ばすと膝が曲がりやすくなり、脚全体が浮く感じになります。スプリント動作で脚を後方に巻き込むときは大腿後面の筋群（ハムストリングス）が強く働き、脚を前に振り出すと接地するときまでつま先が上がり、大腿四頭筋が大きな力を出します。

こうした反射を円滑に引き出すトリガー効果（引き金の効果）が期待できるものとして、さまざまな姿勢で重力に抗したエクササイズをする〝スタビリティー・トレーニング〟があります。次項ではスタビリティー・トレーニングを紹介しますが、さらに詳しく知りたい方は『新装版・競技力アップのスタビライゼーション』（ベースボール・マガジン社）をご参照下さい。

2 スタビリティー・トレーニングとは

動作をビデオで撮影して見たい場面を一時停止すると、姿勢のチェックができます。また、コマ送りをすれば、一連の動作が断続的な姿勢で成り立っていることがわかるでしょう。このように、姿勢のよしあしは動作の成否を決定するといっても過言ではありません。果たして普段の姿勢がよくない人は、スポーツの場面でいいプレーができるでしょうか。よく「歩く姿勢・動作が走る姿勢・動作にあらわれる」といわれることがあります。これも正しい姿勢や動作が身についていないと、競技成績に結びつきにくいという意味でしょう。姿勢や動作のよしあしは、それほどスポーツパフォーマンスに大きな影響をもたらすものと考えられているのです。

うまく動作をまとめることをスキルと呼んでいます。いわゆる運動神経のいい人は、はじめての動作でも難なくこなしてしまいますが、一般的にスキルとは反復練習をして身につくもので、どちらかといえば後天的な能力といえるでしょう。ただし、スキルには絶対的な目安というものはありません。一般的に「うまさ」は「身体を自分の思う通りに動かすことができ、正確な動作ができ、これを再現できること」と定義され、その能力がスキルと考えられています。ですから、スキルはボディコントロールに裏づけられるものと解釈してもよさそうです。

スキルの基盤となるものは、さまざまな筋肉を的確に制御（コントロール）すること、安定すること、そして素早く動かすことの三要素から成り立っています（図2—2参照）。トレーニングによる反復練習やスキルトレーニングは、運動の記憶すなわち動作の手順を脳の中に定着させる作業といえます。こうして身につく安定した動作は再現性をもっていますので、ここでは動作の安定性〝ダイナミック・スタビリティー（Dynamic Stability）〟が重要なポイントとなります。このダイナミック・スタビリティーは、動作そのものを支える筋力とコントロールする動作性能、すなわち関節の支持力や動的柔軟性および其の関節可動域がおもな構成要素となります。

〝スタビライゼーション（Stabilization）〟は、安定・安定化・固定化という意味をもつ英単語です。一方、〝スタビリティー（Stability）〟も同様に安定（性）・固定・復元力という意味をもっています。したがって、広範囲で系統的に行なわれるトレーニングやエクササイズの総称を〝スタビリティー・トレーニング（Stability Training）〟とし、安定した状態をあらわす言葉を〝スタビライゼーション〟として使っています。

（1）スタビリティー・トレーニングのはじまり

スタビリティー・トレーニングは、ドイツの医療体操を起源とするファンクション体操の概念をそのルーツとしています。ファンクション体操が競技選手のトレーニングとして使われている様子を、1994年にわが国で初めて私がトレーニング専門誌等で紹介し、〝スタビライゼーション・トレーニング〟と呼んだのがはじまりです。当時はスタビライゼーションを「身体活動における頭部や体幹、四肢の機能的な安定状態」と定義して各種のエクササイズを紹介しましたが、その後バランス運動や動的なストレッチを含めてトレーニング体系を構築してきました。現在では、その名称を前述の通り〝スタビリティー・トレーニング〟としています。

ここでは、スタビリティー・トレーニングを「動作中における頭部や体幹、四肢の定位（軸や重心の

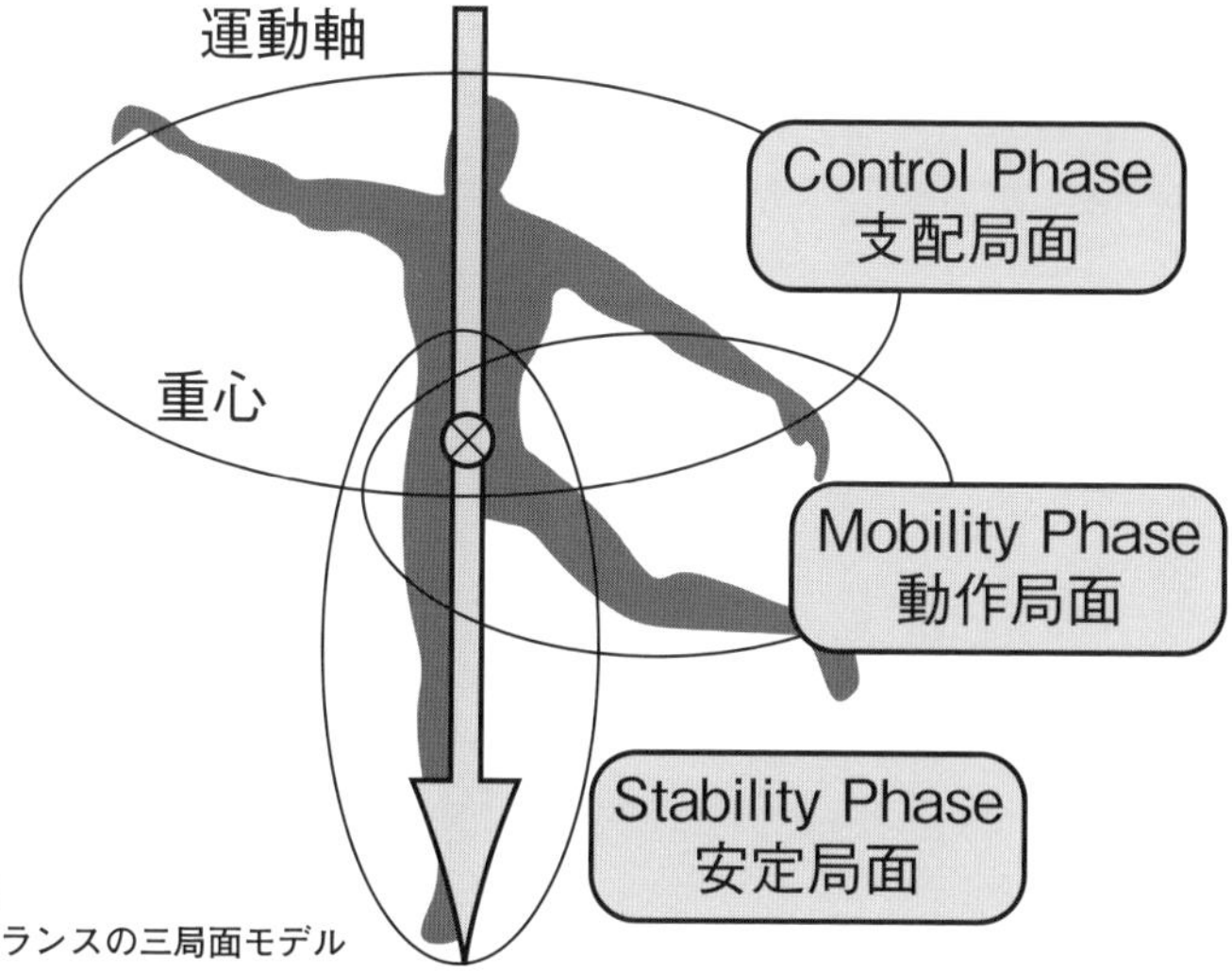

図2－2
ボディバランスの三局面モデル

認知）を把握し、その機能的な安定と回復を図る運動法」と定義します。より大きな動作を支える主働筋群の強化もさることながら、協働筋と呼ばれる、いわゆる補助筋群の強化を重要視し、深部の繊細でより多くの筋線維を刺激することによって筋や神経の協調性を増すことで身体各部の関節支持能力を向上させるという目的があります。

最近、〝スタビライゼーション〟という名称を知る人が徐々に増えてきました。スタビリティー・トレーニングはストレッチングと同様に、健康増進を目指す誰もが簡単に取りくめるエクササイズとして、また競技力向上を図るための効果的に活用できるトレーニングとして今後も普及していくことでしょう。

(2) スポーツ動作と姿勢反射

スタビリティー・トレーニングは、神経や筋の機能を中心とした身体活動のメカニズムを知ることからはじまります。

スポーツの動作は、重力下で荷重をうけながら、多関節の複合運動により成り立っています。特に、動作や姿勢を維持するためには抗重力筋と呼ばれる筋群が主として活動し、その他多くの筋肉があるときは協調し、またあるときは拮抗する等、刻々と役割を変化させながら働いています。

スタビリティー・トレーニングは、「正しい姿勢を基盤として獲得された筋力とその適正なバランスは、動作を円滑にし、パフォーマンスの向上をうながす」という考えから構築されたものです。ここからは、そのエクササイズの一部を紹介していきます。

スパイン・ポジションの代表例

プローン・ポジションの代表例

ラテラル・ポジションの代表例

（3）エクササイズの構成と特徴

エクササイズは、以下の4つの基本ポジション（基本姿勢のバリエーション）から構成されています。

①スタンディング・ポジション Standing Position＝立位
②スパイン・ポジション Supine Position＝背臥位（仰向け）
③プローン・ポジション Prone Position＝腹臥位（うつ伏せ）
④ラテラル・ポジション Lateral Position＝側臥位（横向き）
⑤シッティング・ポジション Sitting Position＝座位

これらの基本姿勢の中には、平面的な姿勢や肘支持・腕支持、さらには片側や交差的な支持型等、数多くのバリエーションがあります。

したがって、これらのエクササイズは、従来の単関節的な補強運動とは異なり、複数の筋収縮を同時多発的に、しかも多方向的に行なうという特徴をもっています。また、多関節支持力を高め、動的な関節可動域を拡大させる要素ももち合わせています。

（4）トレーニングの効果

スタビリティー・トレーニングは、おもに筋力トレーニングの補助的手段としての役割（一般的に補強運動と呼ばれるもの）を果たしますが、動的柔軟性や平衡性を養成するバランストレーニングの要素も兼ね備えています。生理的効果としては、以下のようなものが期待されます。

○関節支持力の向上
○関節可動性の向上
○関節可動域の拡大
○動的柔軟性の向上
○重心や軸の認知と安定性の向上
○バランス能力の向上
○姿勢反射の引き出し効果

パートナーの役割は重要

さらに、筋力低下やアンバランスに起因する腰痛、その他のスポーツ障害の予防や軽減効果をもたらすといわれています。リハビリテーションから派生したスタビライゼーションが、医療体操として障害後の機能回復訓練にも活用されていることはいうまでもありません。

(5) 実施上の留意点

スタビリティー・トレーニングは、正確な姿勢や動作を基本としていますので、集中して意欲的に取りくむ必要があります。このため、各ポーズの基本姿勢を理解し、動作の特徴を把握することがポイントとなります。

また、一人で行なえるトレーニングでも、パートナー（補助者）がいればより効果的に実施できます。パートナーの役割としては次の5つの要素があげられます。

①アシスト Assist：運動者が行なう姿勢や動作を助ける
②サポート Support：運動者の安全を確保し姿勢や動作を支える
③チェック Check：運動者の正確な位置や姿勢を確認する
④ナビゲート Navigate：目的とする動作へ正確に誘導する
⑤レジストResist：目的とする動作で抵抗を加える

スタビリティー・トレーニングは、全身の筋力をバランスよく向上させることを目的とします。そのためプログラミングに際しては、適正な配列や質量の調節を行なわなければなりません。また、個人差や競技種目の特性などの個別性を考慮しながら、定期的かつ継続的に実施する必要があります。

Ⅳ ボディコントロールをトレーニングする

トレーニングに対する考え方には、普遍的なことと革新的なこと、そして挑戦することがつねに存在します。いい換えると、あたりまえの事例もあれば、逆に真新しい事例もあり、またそのどちらでもない試行錯誤の事例もあるということです。したがって、ボディコントロールのための効果的なトレーニングは何かを考えるとき、まずは基本的なトレーニングを踏まえ、次に創意工夫等を豊富に活用し、そしてそれらを思いきって実行することです。
ここでは、〝ボディコントロールをいかにトレーニングするか〟を課題とし、ボディコントロールを構成する4つの要素を向上させる次章「テーマ別エクササイズ」にリンクするおもなキーワードについて解説します。

1 フットワーク

Check → バランス系　スピード系

スポーツ動作における〝フットワーク（Footwork）〟とは、足さばきや巧みに動くことを意味します。脚（足、足裏）は、全身の体重を支え、あらゆる姿勢や動作の変化にも瞬時に対応し、身体という不安定な物体とその重さを支えています。これらをうまく活用することができれば、身体のキレやバランスがよくなり競技力アップにつながります。

接地局面がある多くのスポーツでは、足裏の面（プレート）に乗りながら複雑な動作をしています。左右両方の足が同時に接地しているときは両足の、片方のときには片足のプレートに乗っています。このとき、プレートにはさまざまな方向性が生じ、同時に体重や動作の負荷、すなわち過重がかかります。地面とコンタクトするこのプレートを乗りこなすことこそ、パフォーマンスの向上に大きな影響をおよぼします。

プレートを意識できるようにするためには、スタートポジション（開始姿勢）やスローシミュレーション（ゆっくりとした動作チェック）を大切にしながら、慣れてきたら徐々にスピードやバリエーションを加えるといった方向性が重要です。スピード感があるカッコいいドリルばかりを練習するのではなく、地味ながらも基礎的なドリル動作を反復することが大切なのです。

ボディコントロールの向上を目指す上では、裸足でトレーニングする方法も効果的です。これは砂浜や砂場で行なうジャンプなどの基本ドリルです。砂地は衝撃が吸収されるために足首や膝に負担がかからない半面、反発が低いのでしっかり地面を蹴らないと高くジャンプできません。また、一度跳んだら砂地は荒れますので、次の着地時にプレートで瞬間的に足裏情報をキャッチしないと捻挫をしてしまいます。このとき、このプレートのリカバリー力（自動的な修復能力）が働けば、少々乱れた着地をしても次のジャンプにつながります。

スポーツ選手たちがよく砂浜でダッシュをする光景を見かけますが、スプリント能力を向上させるためには極端に軟らかい場所よりも、波打ち際のように濡れて少し硬めの足場が効果的だといわれています。砂地でのダッシュはキック後の脚のリカバリーに負荷をかけるものなので、軟らかすぎると足の動作に悪影響が出てしまうこともあるのです。この点に注意すれば、砂地でのスプリントはキックの正確さと足のリカバリー動作、いわゆるロスの少ないフォームづくりに効果を発揮します。

競技場などの砂場はスペースが限られていますので、その場ジャンプや連続ジャンプのような動作重視のエクササイズを組み合わせると、より有効に活用できます。砂場ジャンプの各種エクササイズは、足場の軟らかい不安定な場所で行ないますので、足底が地面をしっかりとキャッチしてキックの方向づけをしないとうまく跳べません。また、身体を高く引き上げる腕のアクションも重要です。さらに着地時にも大きなポイントがあります。砂は連続運動によって掘り起こされるので不整地となります。そこに着地するわけですから、足首の諸関節や靭帯には予期せぬストレスがかかります。足首が硬く（柔軟性がなく）靭帯が弱いとすぐに挫いてしまうかもしれません。しかし、捻挫を恐れてこのトレーニングを回避するのは得策ではないでしょう。足首の機能性を高めるためにも、積極的にこのトレーニングを導入すべきです。

砂地といえども接地時間はできる限り短縮し、正確なジャンプを心がけて下さい。接地時間が長いということは膝後面の関節角度が小さくなる、すなわちしゃがむ姿勢に近くなるということです。こうなると「抜重」というショックを逃がす状態になってしまい、次のジャンプへの連続性がなくなってしまいます。砂地は硬い走路と違いショックを吸収するため、足首や膝・腰への負担を軽減してくれます。このことから多くのジャンプ運動が可能となる半面、力が吸収されるので一段とつらいトレーニングとなるでしょう。

2 プライオメトリクス

Check ↓ スピード系　パワー系

プライオメトリック・トレーニングは、各種ジャンプ運動等さまざまなエクササイズを総括したトレーニング方法です。一般的には〝プライオメトリクス（Plyometrics）〟とも呼ばれており、自発的には発揮できない大きな筋力を短時間で爆発的に発揮させるエクササイズです。プライオメトリクスの原理は、神経筋協調から生じる伸張反射や筋腱複合体の弾性を利用して爆発的なパワーを発揮するしくみです。伸張反射はヒトの防衛反応の一部で、急激に伸ばされた筋肉は反射的に収縮されるという特性をもっています。つまり、接地時につま先から入り、かかとが降りるとき、ふくらはぎである下腿三頭筋とアキレス腱が急激に引き伸ばされます。すると、逆に強い力で戻ろうとする作用（いわゆる〝バネ〟）が生じます。これが次の大きなジャンプにつながるのです。

この原理を活用したプライオメトリック・トレーニングは、多くのスポーツで非常に大きな効果的を発揮します。陸上競技なら、スプリントのドライブ姿勢（重心が進行方向へ移動する局面）、ハードルの踏み切りや着地、跳躍各競技の踏み切り、投てき各競技のデリバリー（地面の反力を身体各部の連動から投てき物に伝える局面）等、多くの技術的な局面で爆発的なパワーが要求されます。先ほど砂地のような不安定な場所でのジャンプ・エクササイズを紹介しましたが、砂地は硬い路面とは違ってショックを吸収するので反発が低減します。しかし脚部への負担を軽くするので多くの回数ができ、有効な方法といえます。また、芝地のような草の上も同様です。

以下、プライオメトリック・トレーニングにおける3つのポイントをあげておきます。

❶伸張速度のコントロール

筋の伸張速度が速いほど発揮される張力は大きくなりますので、予備的な踏み込み動作を素早くして弾性エネルギーをうまく蓄える必要があります。

❷最適な姿勢や動作によるバランス

正確に接地したあとに爆発力を発揮して、よい方向へ力を伝達することが必要なので、ボディバランスが大きなウエイトを占めるでしょう。

❸瞬間的な動作のタイミング

動作の減速や加速を可能な限り短時間で行なうため、腕のスウィングなども最大限に利用して動作のタイミングを得ることです。

これらのポイントを、実際のジャンプトレーニングであるバウンディングを例として考えてみましょう。バウンディングは、移動しながら両脚、片脚、あるいは交互脚で連続したジャンプをするエクササイズであり、陸上競技では定番のプライオメトリクスのひとつです。バウンディングでは若干の助走をとって移動に予備動作を加えます。弾性エネルギーを蓄え、そのバネを利用するために膝や足首の角度をうまくコントロールし、腕のスウィング動作で連続したジャンプのタイミングをとります。姿勢も前屈みや、その逆に後傾しないようボディバランスを感知・修正しながら、連続した動作を行なわなければなりません。したがって、コントロール、バランス、タイミングといったダイナミック・スタビリティーの要素は、プライオメトリック・トレーニングの実施には不可欠です。

プライオメトリクスの方法は、指導者やアスリートなら誰でも心得ていると思われますが、若い世代のアスリートにはやや理解不足の部分もあります。単なるジャンプトレーニングととらえてしまっては、プライオメトリクスの効果も半減してしまいます。また、身体に大きな衝撃が加わることも理解しておかなければなりません。故障や怪我の予防のためには基礎的な体力を十分に備える必要があります。同様に、トレーニング処方として「何（エクササイズ種目）」を「どのくらい（回数やセット数）」行なうかも慎重にプログラムされるべきでしょう。

3 左右差改善

Check → バランス系 ストレングス系

人間は見かけ上、ほぼ左右対称にできています。ひとつしかない内臓の位置や利き腕・利き脚の関係で、もちろん完全対称形ではありません。しかし歩行や走行等、両腕両脚の交互運動（対角螺旋運動）、両足跳びや腹筋運動などは左右対称の動きをします。ラジオ体操に代表されるように、人間の基本的な動きを左右バランスよくできることは、決して軽視できないのです。

身体は、右側と左側、前面と後面、上半身と下半身といった形で分割されます。ちなみに解剖学的には、身体を左右対称に切る面と、これに平行な面（矢状面）、身体を側面から見て前後に分割する面（前額面）、さらに床に平衡で矢状面と前額面に直行する面（水平面）と分割されます。しかし、実際の身体運動はひとつの面上だけで動くような単純なものではありません。3つすべての面上で動作が複雑に融合しているのです。バランスは「均衡」とも訳され、その意味では二つ以上の要素の微妙な釣り合いともいえます。そこで、ここからは〝左右のバランス〟〝前後のバランス〟〝上下のバランス〟といった身体の分割面で考えてみたいと思います。

スポーツにはさまざまな種目がありますが、ここでは陸上競技の走・跳・投の種目を例にとって左右のバランスについて説明してみましょう。

まず走種目では、左右の腕・脚をそれぞれ交互に振り出す運動をします。ですから、左右対称的に腕振りや脚運動が必然となります。仮に、極端に左右差（左右の筋力差や柔軟性の差）があると、ぎこちない走りとなりまっすぐ走ることも困難になるでしょう。トップレベルの長距離選手は、補強運動等でかなり緻密に左右差を少なくするような工夫をしています。スターティングブロックを使用するスプリンターは利き脚が明らかですが、筋力トレーニング等で左右の筋力バランスに配慮すべきです。片足跳び等のパワートレーニングをやってみて、左右の極端な違いがみられたら要注意です。

同じ走種目でも、ハードルとなるとかなり複雑です。一連の動作の中にスプリントの〝対称的な左右のバランス〟、ハードリングの〝非対称的な左右のバランス〟、身体を前傾させ股関節を前後に開く〝前後・上下の複合的なバランス〟が存在しているからです。これらのバランスをうまく融合させるには、基本的な技術ドリル（ハードリングドリル）の習得がとても有効です。そしてもう1点、左右同じ動きができることがとても重要です。基本的なドリルはミニハードルやローハードルで実施することが主流ですから、思いきって逆脚のハードリングも十分練習し、イメージを研ぎ澄ますべきだと思います。

跳躍種目では、踏み切り脚が決まっていますので、踏み切り時にはインパクトと地面を押す力に負けないだけの、リード脚の強い振り出しが必要となります。同時に、ダイナミックなアームアクションも重要な役割を担っています。よく指導者から「腕を使え！」という指示が出ると思います。下肢の動作は上肢の動作と連動していますので、〝腕がうまく使えないと跳べない〟という理屈は間違いではありません。

投てき種目の砲丸・円盤・やり投げは、あきらかに片側負荷の運動です。投てき物を遠くに放り投げるための利き腕の力強い動作に対して、フリーアームは投げの構えを形成し投げ全体のバランスをとる役目をしています。

筋力的な左右差については、大腿四頭筋の大きな左右差が肉離れの発生に影響をおよぼすことが研究データからもうかがえます。膝関節の伸展・屈曲比（いわゆる前後差）についても、50％以下の目安で注意が必要であることが示唆されています。そうはいっても、トレーニングの現場等は多くの場合、科学的に細かくチェックする環境ではありませんので、指導者の経験的な目と選手個人のセルフチェック

で判断せざるをえないでしょう。

よく使われる「筋力のバランスが悪い」という表現は、その人の主観や感覚頼りの場合が多く実に曖昧なものです。当然、厳密に何らかの測定をしなければ明確にはわかりませんし、指摘するなら左右差（左脚と右脚の筋力差）や前後差（大腿の前面と後面の筋力差）にも言及すべきでしょう。

そこで、客観的な指標（めやす）のひとつとしてH／Q比があります。これは、大腿四頭筋の筋力を１００％としたときのハムストリングスの筋力の割合です。このH／Q比を算出するには膝関節の屈曲力と伸展力を測る特別なマシンが必要ですが、ここでは知識として備えておいて下さい。

大腿四頭筋は膝関節の伸展に作用するメジャーな筋肉です。人間が立ち上がって運動をしているときにはつねに働いていますので、おもなトレーニングでも無意識的に使われているのです。一方、ハムストリングスは膝関節の屈曲と股関節の伸展に作用します。脚を後方に送り膝を曲げる動作（脚を巻く動作）に使われますので、ハムストリングス強化に特化したトレーニングをしないと鍛えられません。

ここで推奨できることは、基本的なドリルや補強運動の中で、弱点部位をつくらないことです。利き腕・利き脚強化偏重にならず、逆サイド・逆モーションも積極的に練習する等、左右・前後・上下……あらゆる要素のバランスがとれるよう心がけて下さい。

4 股関節強化

Check → バランス系　ストレングス系

スプリントやジャンプの技術局面に〝ドライブ（Drive）〟という言葉があります。訳すなら「疾走する・前進する」というのが最適でしょう。

スプリントの場面でいえば、リード脚（スウィング脚ともいう）のスウィングとサポート脚のキックによって、重心が前方へ運ばれる局面を〝ドライブ局面〟といっています。この動作の目的は、「接地（踏み切り）時の最小限の減速と、前方への最大限のドライブ（重心移動）」となっていますので、ドライブ局面は身体の推進力を作用させる非常に重要な場面といえるでしょう。また、スタート時には、ブロックから片方の足が離れた瞬間から、もう一方の足がブロックから離れる瞬間までを〝ドライブ局面〟といっています。この最終的な段階での下肢の姿勢は、股関節・膝関節・足関節のそれぞれの伸展（足関節では底屈という）が起こり、弾性エネルギーが働いて重心を強く前方に移動させます。また、ここでは上肢も大きな役割を演じます。腕のスウィングを大きくすることで重心の移動（ここでは前傾角度に見合った方向への前進）を助けるのです。優れたスプリンターやハードラーの上体が筋肉隆々であることは、こうした理由にもよるのです。

ハードルやジャンプ競技の踏み切りでは、このドライブ局面を〝テイクオフ（Takeoff）〟といっています。この言葉はかなり一般的に用いられているようですが、ここでもグッと乗っていく状態の場面をドライブといって差し支えありません。もちろん、先ほど述べたスプリントの疾走時やスタート時、ハードルの踏み切り時、各種ジャンプ競技の踏み切り時は、それぞれスピードや角度、様式（スタイル）が異なりますので、ドライブという状態の表現方法はあるものの、それぞれの競技特性があることを理解しておかなければなりません。

日常のトレーニングの中では、このドライブ局面を習得する場面がたくさんあります。ただし、前に出る（移動する）というのはごくあたりまえのことなので、特段意識しないでトレーニングを行なっているアスリートも多いのではないでしょうか。特に、スプリントやハードルの基本ドリルやアジリティー・トレーニング等では、適正なドライブ姿勢がないまま、ただ漫然と行なっている、あるいは勢いまかせで行なっている現状が見受けられます。基本的なドライブ姿勢をつくるエクササイズを十分に行なうよう、つねに念頭に置いておくべきでしょう。

特にハードルは、両大腿を前後に開く股関節の動的柔軟性が生命線です。もちろん、股関節は単にやわらかいだけでなく、開く強さ（速さ）・閉じる強さ（速さ）も備えなければなりません。理由は2つあります。まず、股関節周辺部の筋肉は細く複雑な線維構造になっており、深層内部のいわゆる〝インナーマッスル〟を強化する必要があるからです。2つ目の理由は、関節可動域のキャパシティー（許容範囲）を大きくすることで、動作にゆとりをつくるためです。いい換えれば、目いっぱいのところで動かすのではなく、リラックスできる範囲ができることで動作性が向上するのです。こうした考え方は、ハードルばかりでなくさまざまな種目の技術要素や体力トレーニングの中でもいえることです。

以下に、股関節をコントロールする主要な深部の筋肉について示しておきましょう。

大腰筋――背骨や骨盤を支えたり、大腿を上げる役割をします。ここが衰えると、骨盤が傾き、正しい姿勢ができなくなります。

腸骨筋――骨盤と足のつけ根を結び、大腿を上げる役割をします。ここが衰えると、骨盤が傾き、転びやすくなります。

中殿筋――大殿筋の上に位置し、骨盤の前後左右のバランスを保つ役割を果たします。ここが衰えると、歩行や走行の安定性が悪くなります。

腸腰筋――深部筋群の大腰筋と腸骨筋の総称です。骨盤の位置を維持し、殿部の筋肉を引き上げる役割をします。

ドライブ局面では、接地脚（サポート脚）における骨盤のスタビリティー、つまり安定性を中心として、スウィング脚（リード脚）における股関節のモビリティー、つまり機能性がポイントとなります。したがって、こうした股関節深部の筋肉群の役割は、おのずと重要性が高いものと理解できるでしょう。こうした筋肉群は部位の特性もあって、鍛えにくく傷めやすいといわれているだけに、目的をもった強化方法で慎重に取りくむことをお勧めします。

股関節強化を目的としたトレーニングに際しては、選手の股関節可動域の能力に応じて実施し、回数や動作速度も段階的に行なうべきです。また、パートナーがいる場合には実施者に無理をさせないで慎重にアシストして下さい。あくまで鍛えにくく傷めやすい部位であるということを忘れず、トレーニングの質と量のバランスを見極めながら実施すべきです。

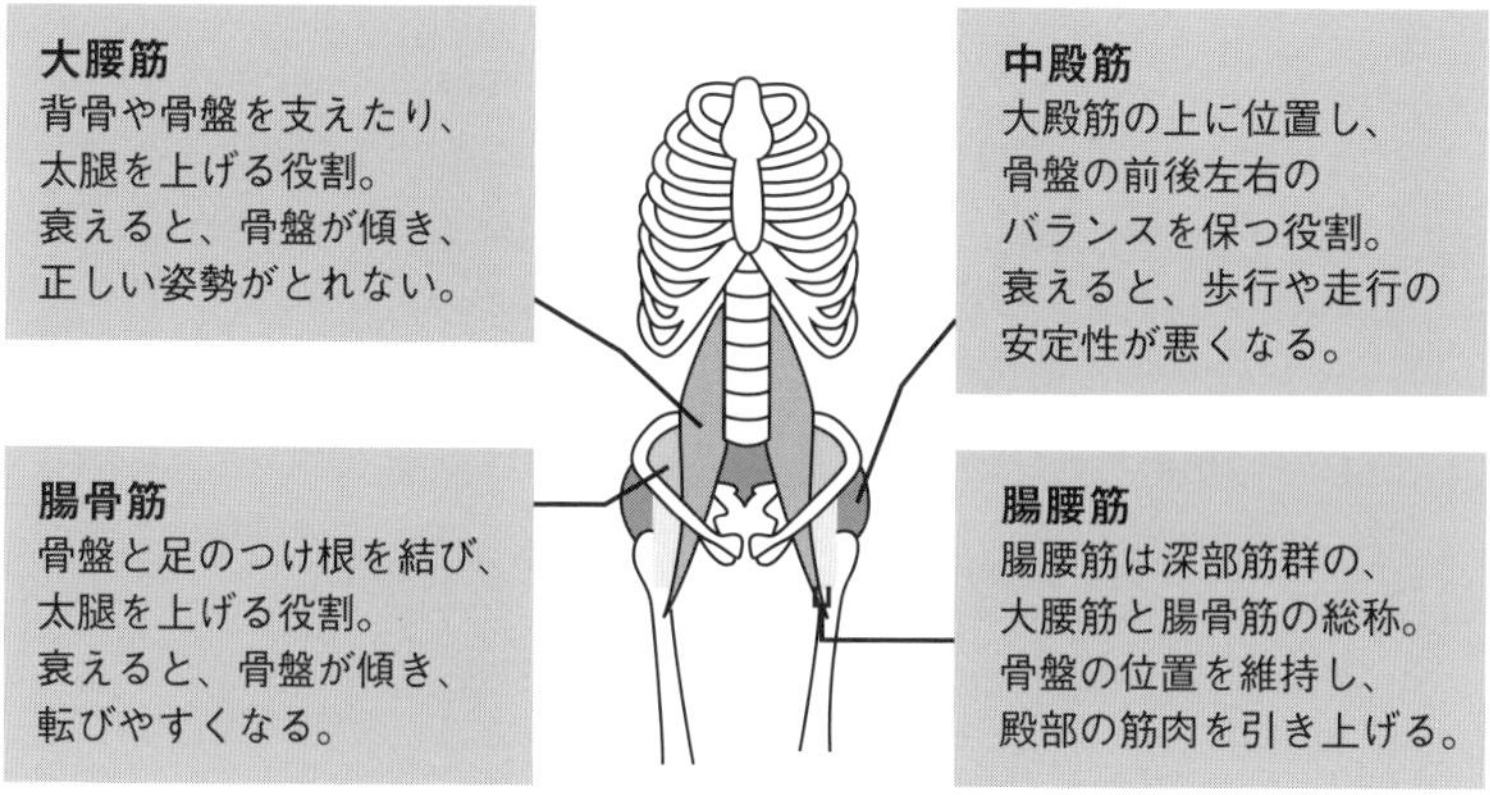
大腰筋
背骨や骨盤を支えたり、
太腿を上げる役割。
衰えると、骨盤が傾き、
正しい姿勢がとれない。
中殿筋
大殿筋の上に位置し、
骨盤の前後左右の
バランスを保つ役割。
衰えると、歩行や走行の
安定性が悪くなる。
腸骨筋
骨盤と足のつけ根を結び、
太腿を上げる役割。
衰えると、骨盤が傾き、
転びやすくなる。
腸腰筋
腸腰筋は深部筋群の、
大腰筋と腸骨筋の総称。
骨盤の位置を維持し、
殿部の筋肉を引き上げる。

図2－3　股関節をコントロールするおもな筋肉群

Column 2

キネティック・チェーン

“キネティック・チェーン（Kinetic Chain）”とは、身体の力の伝わり方、つまり身体の連動動作を意味します。厳密には、両手足が地面から離れた状態での身体の力の伝わり方が“オープン・キネティック・チェーン(Open Kinetic Chain／OKC）”、手または足が地面についた状態での身体の力の伝わり方が“クローズド・キネティック・チェーン（Closed Kinetic Chain／CKC）”とされています。

OKCは、特定の骨格筋のみが強化され、目的とした関節可動域でトレーニングが可能なので、軽い負荷でもトレーニングできることからリハビリテーションでも活用されています。これに対してCKCは、複数の骨格筋を同時に強化することができるので、スポーツ動作に近い形でのトレーニングが可能です。しかし、両者ともそれぞれ長所・短所があるので、これらの動作パターンによるトレーニングを使い分けながらも共存させる必要があるでしょう。

本書のエクササイズではあえて分類していませんが、このような身体の力の伝わり方を理解しながらトレーニングを実践することも大切です。

第3章

身体とコンディショニングの基礎知識

I　身体の基本的な構造と運動のしくみ

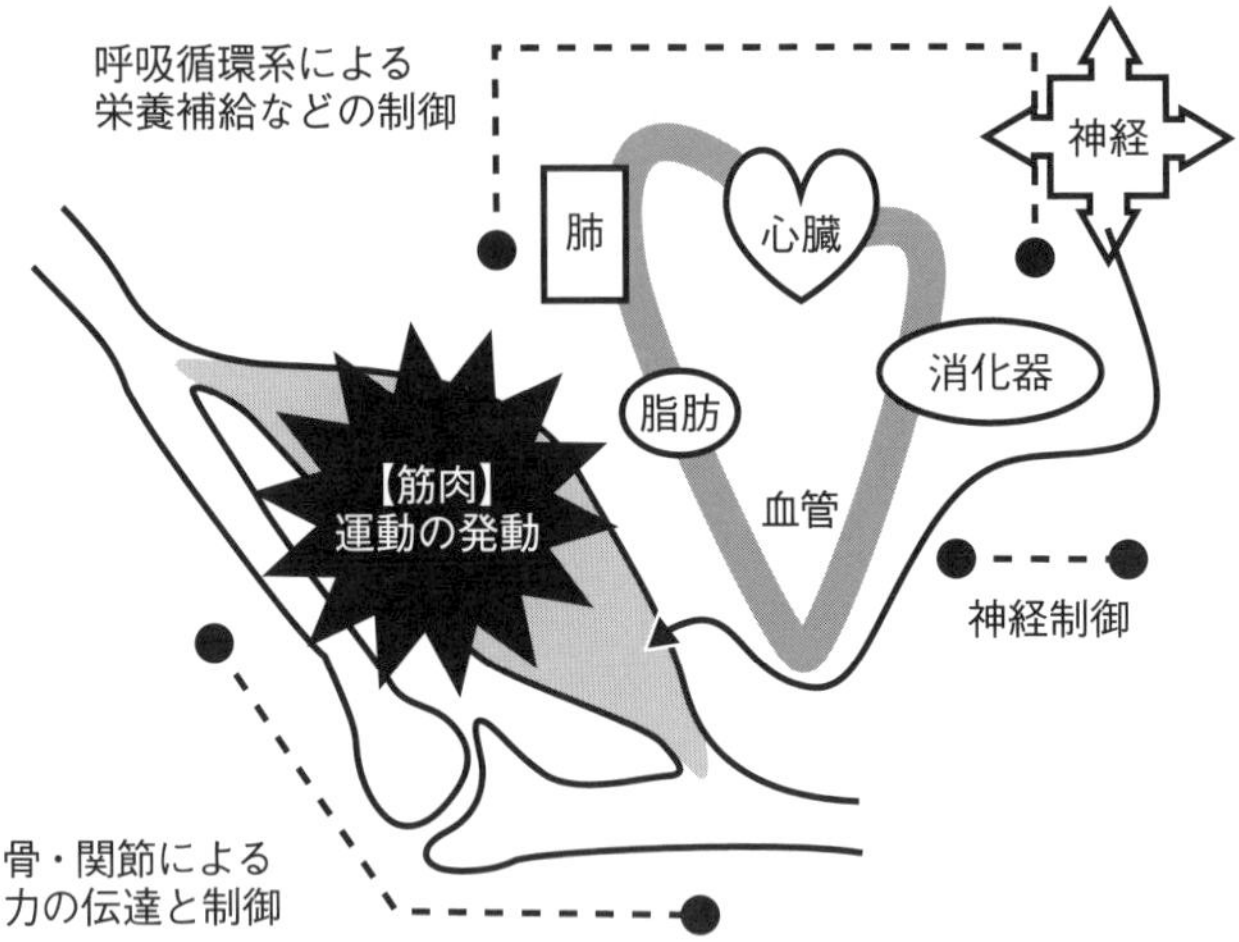

図３－１ 筋活動（運動の発動）を支える全身の器官
（『筋と筋力の科学①重力と闘う筋』石井直方・山海堂・2001より改変）

1　身体の統合メカニズム

身体諸器官は、その働きによっていくつかの系統に分けられます。おもに運動にかかわる諸器官・系統は、骨・骨格系、筋肉系、神経系、心肺系等ですが、もちろん内分泌系や消化器系も重要であり、多くの機能が複雑に連動しながら人間の運動を支えています。図３－１は、運動の発動を支える全身の器官の関連性をあらわしたものです。

2　骨・骨格系のメカニズム

① 骨の強度と軽量化

骨・骨格は、身体の支持や内臓の保護と運動に関与する役割をもっています。では、骨・骨格がこれらの役割をはたしつづける上で必要なものとは何でしょうか。

第一の要素は十分な強度です。多くの骨の中空構造は、体重の約3倍にも耐えうる強度をもつといわれています。同じ質量と長さをもつ鉄棒の強度を比較した場合、中空構造の鉄パイプのほうが、そうでないものと比較して約2倍もの強さをもっていることが証明されています。第二の要素は軽量化です。ヒトの骨でいえば、中空構造は中身が詰まっていると仮定した状態より25％ほども軽くなります。この軽量化が動きやすさを確保しているのでしょう。第三の要素として、骨の厚さが一様でないことも重要なポイントとなります。例えば、骨格筋の代表である大腿骨には非常に大きな負荷がかかっています。大腿骨の両端部より中央部のほうが厚くできているのは、さまざまな負荷（圧縮力や張力）に対応するためなのです。

ヒトの骨は一生を通じて破骨細胞による吸収と、骨芽細胞による骨形成を繰り返しています。古い骨を壊す細胞と、新しい骨を造る細胞がバランスよく働いているからこそ、骨は形を変えることなくつねに生まれ変わることができるのです。骨折したあとも骨が修復されるのは、これらの細胞の働きをよくあらわしています。細胞の働きに関しては、重力や運動とも深い関係があることを忘れてはなりません。

② 骨とカルシウム

カルシウムは、一般的に成長期やスポーツに欠かせないというイメージが強いようですが、心臓や大脳の機能だけでなく、免疫やホルモンの分泌とも密接な関係があります。カルシウムは細胞の増殖や分化、運動・分泌・興奮といった作用に不可欠な物質であり、これらの作用がバランスよく働いてこそ、約60兆ともいわれる細胞が健康でいられるのです。身体は、骨・筋肉・神経が一体となったときにはじめて自在に動かすことができますが、カルシウムはこの三者をコントロールする物質であるといっても

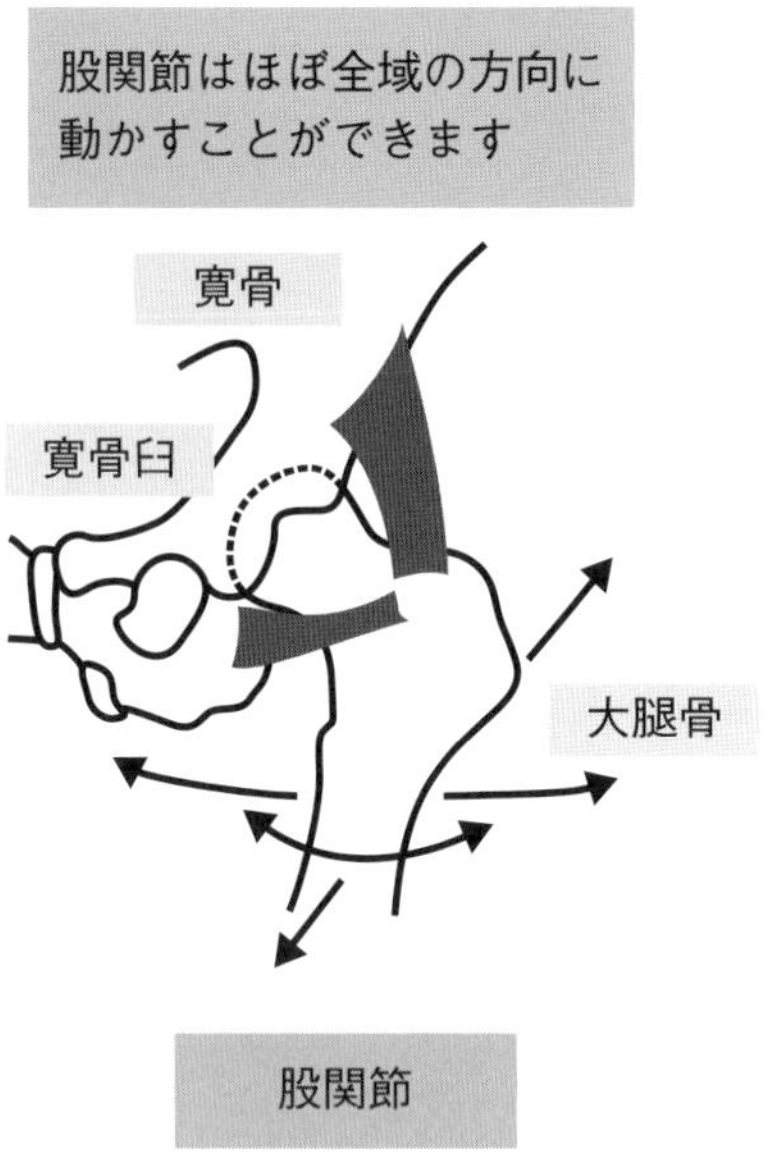

図３－２

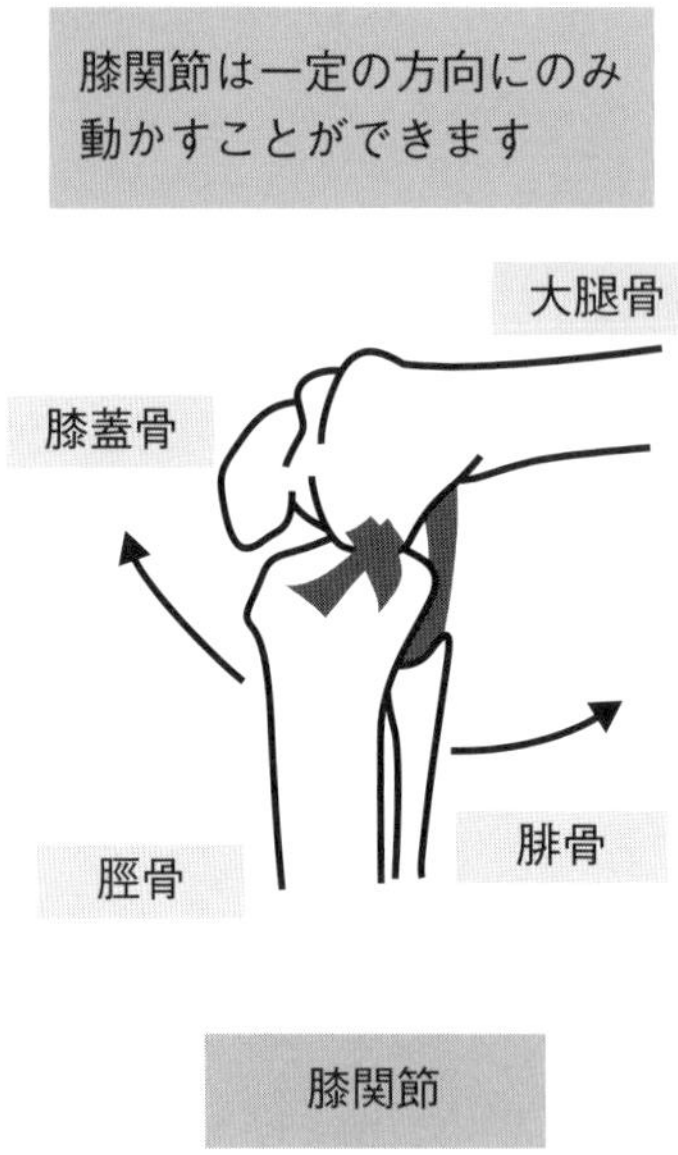

図３－３

過言ではありません。

また、骨はカルシウムの貯蔵庫といわれ、不測の事態に備えてカルシウムを備蓄しています。食物からのカルシウム摂取が少ないと、身体はホルモンを分泌し骨からカルシウムを取り出し、血液中のカルシウム濃度を一定に保ち、カルシウム欠乏の危機を一時的に脱します。その量は、体重60kgの成人でおよそ1kgといわれています。

③ 骨と関節

人体には骨が２０６本あり、互いに関節でつながっています。関節はそのしくみと動きの特性から、球関節・鞍関節・蝶番関節・車軸関節の４種に分類されます。あまり動かない関節の骨間には軟骨があり、関節をつくる骨の両側は靱帯等の強い線維で固められています。

骨や骨格は筋肉の収縮力を借りてさまざまな運動を行ない、生命維持に不可欠な臓器等を保護しながら身体を支持する役割を担っています。また、骨の中心部にあって毛細血管の集まる骨髄では、血液をつくる働きもしています。

④ スポーツが骨に与える影響

一般的に骨の成長は女子のほうが早熟です。女子は15歳6カ月、男子は18歳で、骨の成長がおおむね終わりを告げます。最近は、幼児期（5～6歳）の発育が早まっている傾向から、比較的長い期間にわたって骨の成長がみられ、体格のよい子供たちが増えてきました。

多くの骨や関節のある手の骨をX線撮影して骨年齢を観察すると、その人の成長がよくわかります。かつて旧ソビエトや東欧諸国では、スポーツのタレント発掘と若年齢からの種目セレクションの一環として、骨年齢等を利用した研究がさかんに行なわれていたようです。

スポーツによって、骨は強い負荷や衝撃をうけます。骨の形状や関節が十分に発達していない成長期には過度の運動負荷を避けるべきですが、適度の運動やスポーツは骨に適正な圧力と衝撃をもたらし、骨の成長を促進します。

また、骨や関節は筋肉と絶妙の連携プレーを行ない、非常に複雑かつ細かな動きをします。手や指先の動き等はそのよい例で、30以上の骨や関節と50以上もの筋肉が動員されて、はじめてあの繊細な動きが可能となるのです。さらに神経系の働きにより、さまざまな運動と感覚のコントロールがなされています。

3 筋肉系のメカニズム

① 筋肉の種類

一般に筋肉と呼ばれているものは「骨格筋」のことです。骨格筋はその名の通り骨格に腱で付着し、大脳からの神経伝達をうけて自由意思で動かすことのできる「随意筋」です。骨格筋は、筋肉の表面の

図3－4　身体のおもな筋肉の位置

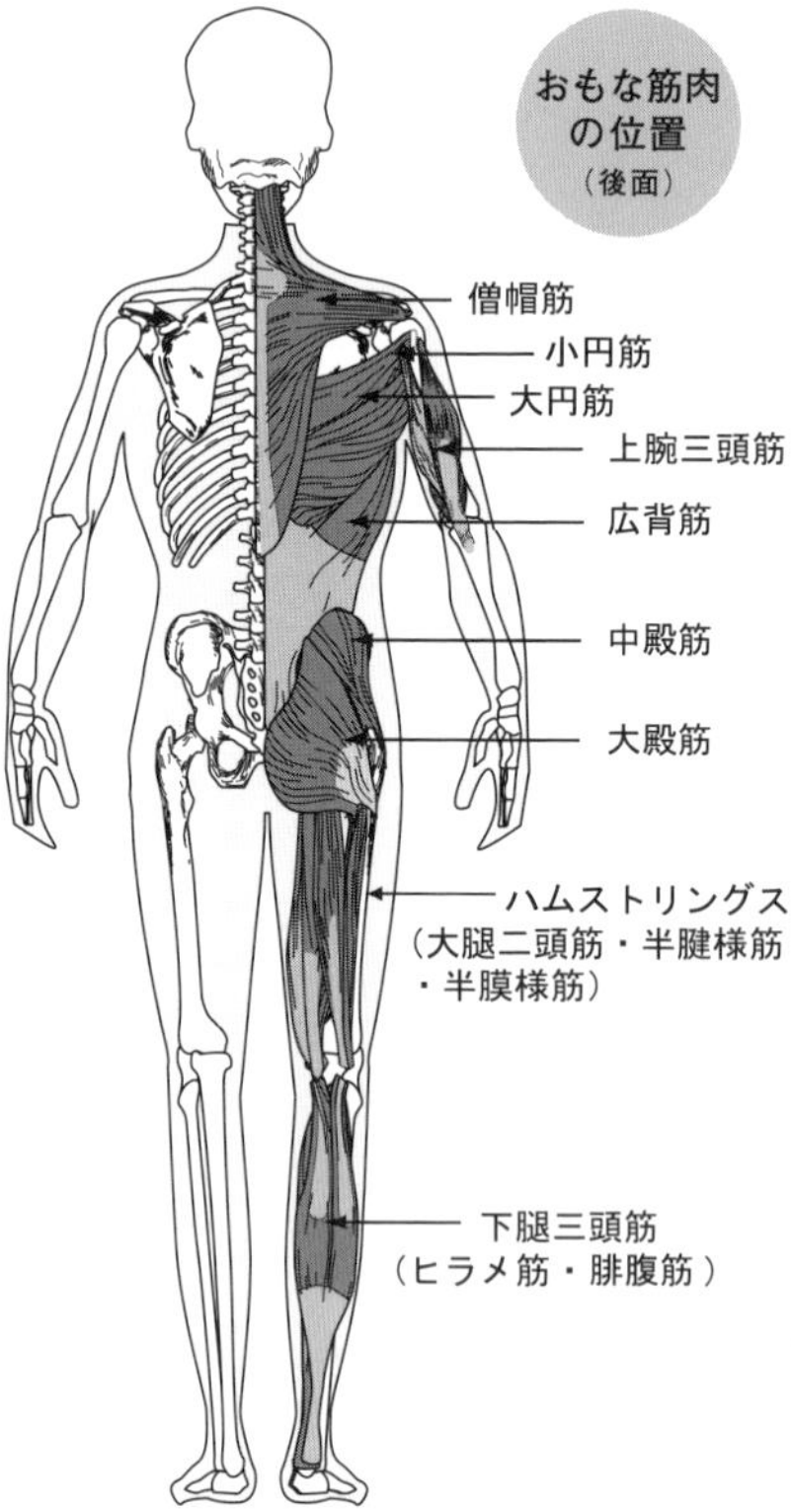
おもな筋肉の位置
（後面）
僧帽筋
小円筋
大円筋
上腕三頭筋
広背筋
中殿筋
大殿筋
ハムストリングス
（大腿二頭筋・半腱様筋
・半膜様筋）
下腿三頭筋
（ヒラメ筋・腓腹筋）

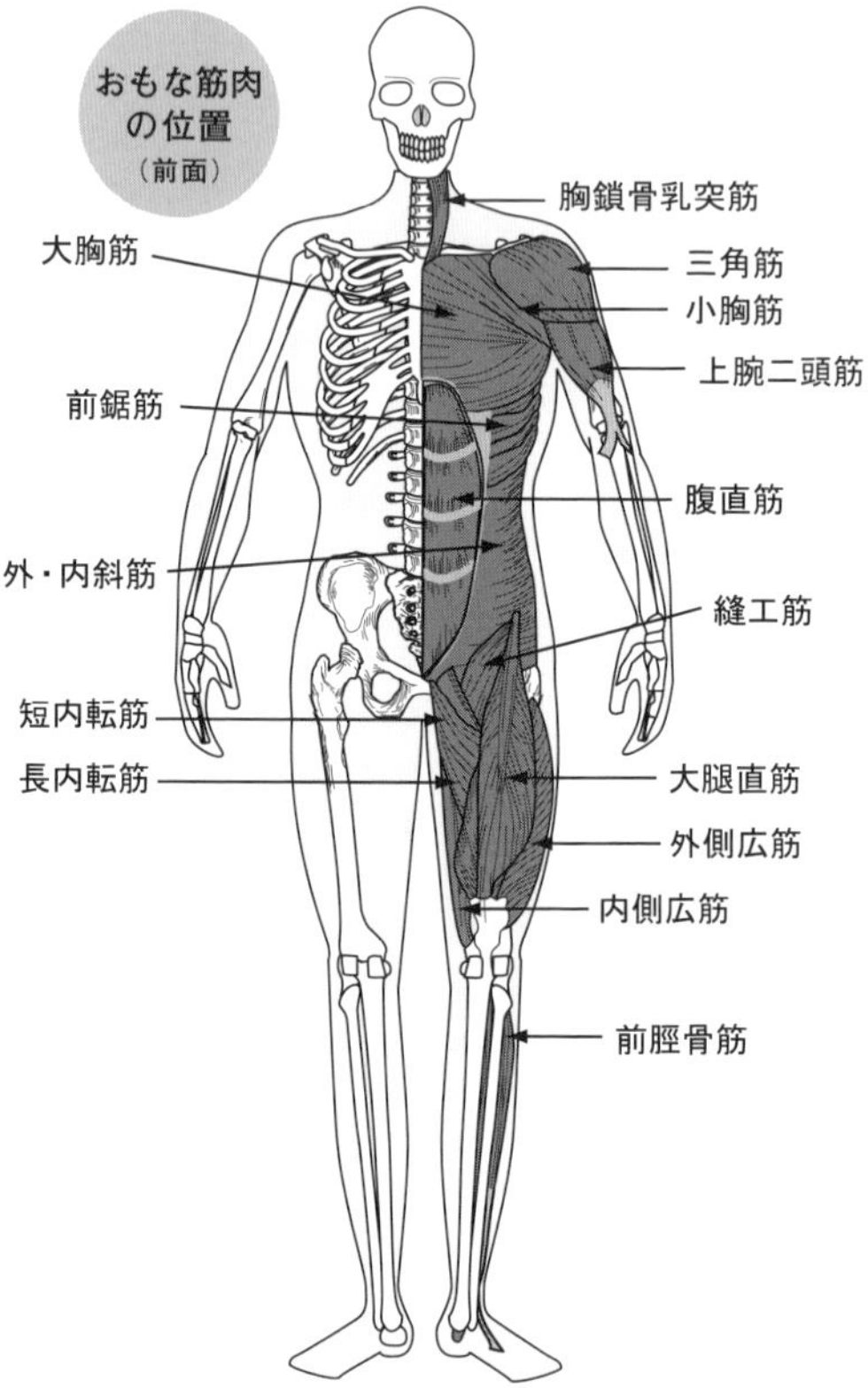
おもな筋肉の位置
（前面）
胸鎖骨乳突筋
大胸筋
三角筋
小胸筋
上腕二頭筋
前鋸筋
腹直筋
外・内斜筋
縫工筋
短内転筋
長内転筋
大腿直筋
外側広筋
内側広筋
前脛骨筋

模様から「横紋筋」とも呼ばれています。体重の約50％を占め、ほぼ全身に分布している骨格筋は、骨格や関節と連携して身体運動の原動力となっています（図3－4参照）。

これに対して、消化器・呼吸器・血管等、内蔵を形成する筋肉は「平滑筋」または「内臓筋」と呼ばれています。これらは、意思でコントロールすることのできない「不随意筋」に属します。

また、心臓の壁をつくっている心筋は、骨格筋と平滑筋の特徴を兼ねそなえている特殊な筋肉で、不随意筋には属していますが生命維持に必要な収縮を自動調節することができる、いわば究極の筋肉です。

② 骨格筋の構造と筋線維タイプ

骨格筋は通常、中央部がややふくらんだ紡錘型をしており、表面は筋膜という薄い膜で覆われています。そして両端の収束部が腱となって、骨についています。筋肉は細長い線維状の細胞からなり、幅が0.1㎜前後、長さ数㎝の「筋線維」からできています。さらに、最小単位である「筋原線維」は、幅1ミクロン（1㎜の1，000分の1）の細長い円筒状をしています（図3－5参照）。

筋線維を顕微鏡で観察すると、赤みの濃い部分を確認することができます。これを「赤筋線維」といい、それ以外の赤みが薄い部分を「白筋線維」と呼んでいます。赤筋線維は、持続的な力を発揮しやすい持久型の性質をもち、「遅筋線維」ともいいます。対して、白筋線維は短時間で大きな力を発揮しやすい瞬発型の性質をもち、「速筋線維」ともいいます。

これらの筋線維の分布は、生まれつき決められている割合が大きいと考えられていますが、後天的な刺激、つまりトレーニングによって筋の特性を変えることもできます。ある研究によれば、マラソンランナーには赤筋線維（遅筋）が約80％、スプリンターには白筋線維（速筋）が約70％の割合で観察されています。

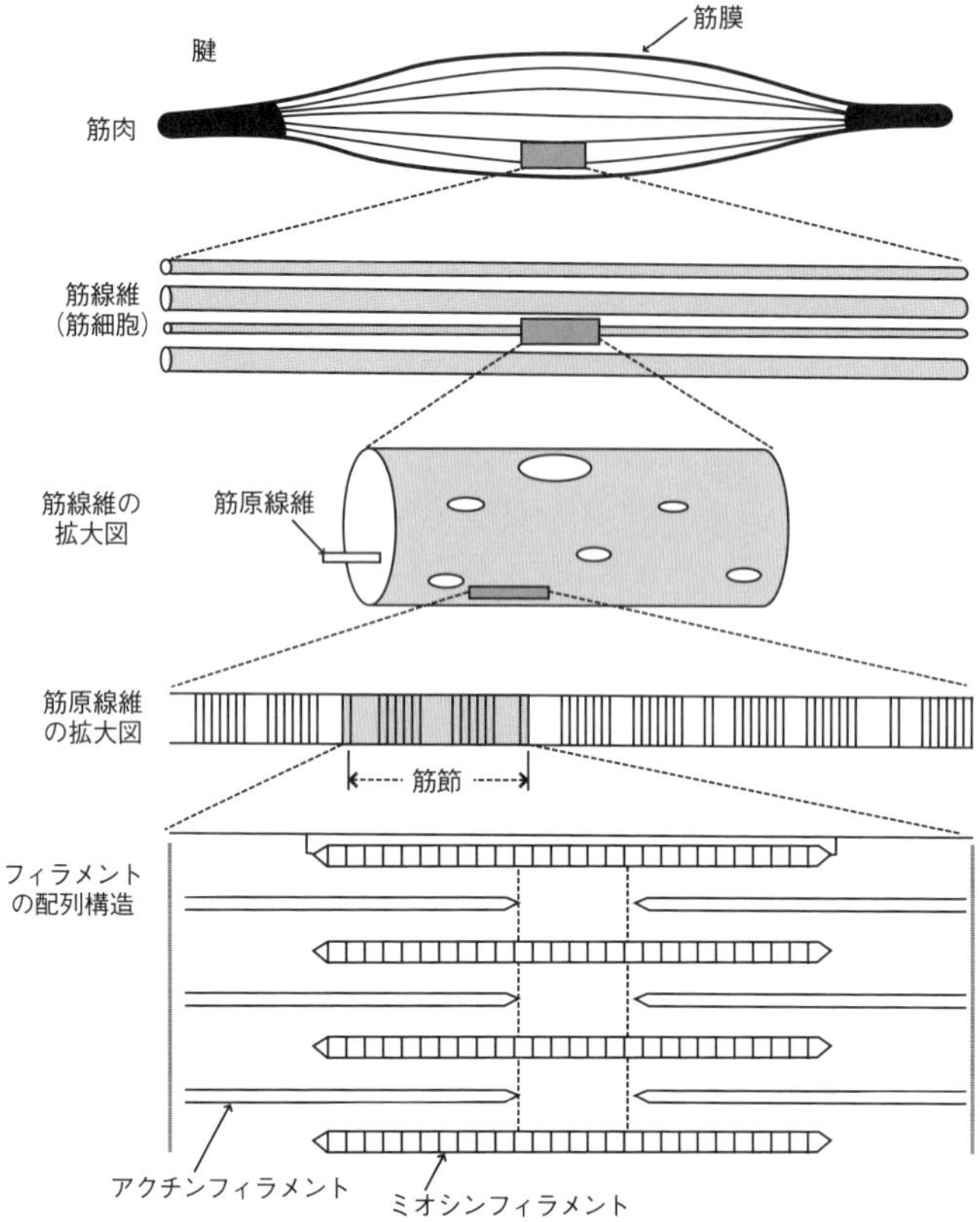

図３－５ 骨格筋の微細構造

（『勝ちにいくスポーツ生理学』根本勇著・山海堂・1999 より）

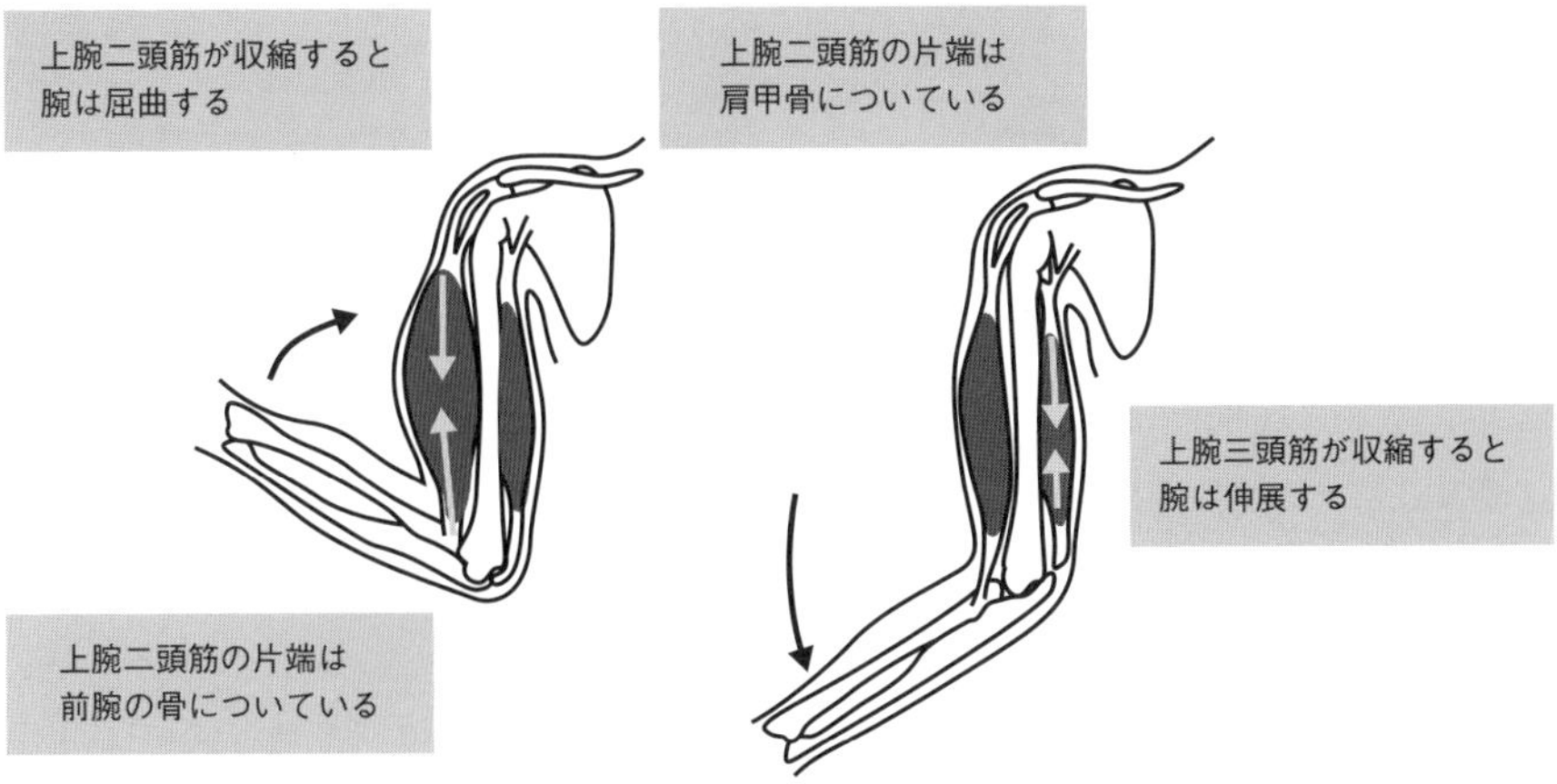
上腕二頭筋が収縮すると
腕は屈曲する
上腕二頭筋の片端は
肩甲骨についている
上腕三頭筋が収縮すると
腕は伸展する
上腕二頭筋の片端は
前腕の骨についている

図3－6　上腕の筋肉の動き
IAAF CECS Textbook より小林訳

③ 筋の収縮メカニズム

骨格筋は、脳や脊髄からの命令（神経刺激）をうけて収縮します。刺激は筋線維の表面を次々と伝わって、筋原線維を取りまく膜（筋小胞体）に達します。すると、そこに蓄えられているカルシウムイオンが放出され、タンパク質のフィラメントであるアクシンとミオシンに作用して活性化し、互いに引きあって収縮を起こします。ちなみに、これはヒュー・ハックスレーが明らかにした「滑走説」という説です。反対に収縮の命令が止まると、カルシウムイオンは筋小胞体に回収され、筋肉はもとの長さに戻って弛緩します。

収縮する筋肉によって人体はさまざまな動きをします。これを大別すると、「屈曲」「伸展」「内転」「外転」「回旋」という5つの基本的動きからなり、回旋はさらに「回内」と「回外」に分けられます。

④ トレーニングが筋肉におよぼす影響

「筋力は筋の断面積に比例する」という特性があります。筋肉を定期的に動かしてトレーニングをすると、筋肉自体

表３－①　スポーツの動作・種目とエネルギー獲得（供給）機構

運動時間	スポーツの動作や種目の例	エネルギー獲得機構
30秒以下	重量挙げ、野球の投球や打撃、ゴルフのスウィング、テニスのストローク、バレーボールのスパイク、砲丸投げ、やり投げ、100m走、アメフトのランニングプレー	非乳酸性機構
30秒～1分30秒	200m走、400m走、スピードスケートの500～1000m、競泳100m	非乳酸性機構＋乳酸性機構
1分30秒～3分	800m走、器械体操、ボクシングの１ラウンド	乳酸性機構＋有酸素性機構
3分以上	1500m競泳、スピードスケートの1000m、クロスカントリースキー、マラソン	有酸素性機構

（『スポーツ科学講座（1）近代トレーニング』猪飼道夫ほか著・大修館書店・1965より）

に変化が起こります。筋線維の1本1本が太くなってその集合体である筋肉が肥大し、発揮される筋力がより強くなるのです。つまり筋肉が肥大し、収縮に動員される筋線維数が増すわけです。

逆に、筋肉は使われなければ萎縮する性質があります。骨折等でギプス固定したあとは、筋肉が極端に細くなって衰えているのがよくわかります。

⑤ 筋収縮のエネルギー

筋肉が収縮するときは、エネルギーを必要とします。この役割を担うのが、筋肉中に蓄えられているアデノシン三リン酸（ＡＴＰ）です。ＡＴＰは、食事によって摂取された栄養物質（炭水化物・脂肪・タンパク質）から体内で生産されます。ＡＴＰは筋肉の収縮時だけでなく、体内すべての細胞にエネルギーを供給していることから、これを補助すべく3つのエネルギー供給系が存在しています。実際の身体動作では、これら3つのエネルギー供給系が運動の強さと特性に合わせて使い分けられており、表３－①のように分類されています。

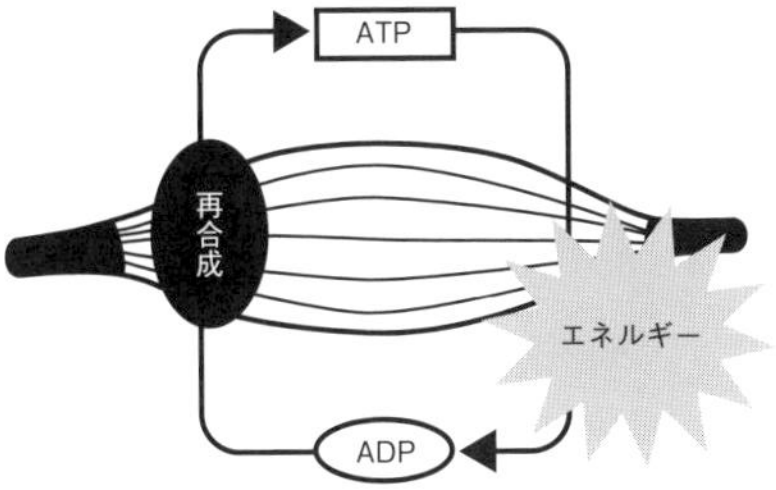

図3－7　ATPからADPへの分解とエネルギー放出の模式図

ATP（アデノシン三リン酸）のリン酸とリン酸の結合を「高エネルギーリン酸結合」といいます。この結合が切れるとATPはADP（アデノシン二リン酸）と、無機リン酸（Pi）に分解され、エネルギーが放出されます。ATPは解糖や発酵などの嫌気的代謝によっても生成されますが、酸素呼吸などの好気的代謝によってより効率よく生産され、光合成生物においては光リン酸化のときATPが生成されます。ATPはすべての生物に共通したエネルギー物質で、その獲得形態が3つのタイプの筋線維のはたらきに深くかかわります。

（『筋肉』湯浅景元著・山海堂・1998より）

筋肉中に含まれているATPが、ADP（アデノシン二リン酸）とPi（無機リン酸）に分解するときエネルギーが放出されます。図3－7に示すように、そのエネルギーが筋肉の細胞に働き筋収縮が起こるのです。しかし、ATPは筋肉中に少量しか蓄えられておらず、すぐ枯渇してしまいます。そこで、体内でATPを再合成しながら運動を継続するシステムを構築しているのです。ATP再合成の課程は、図3－8で示すように以下の3つに分けられます。

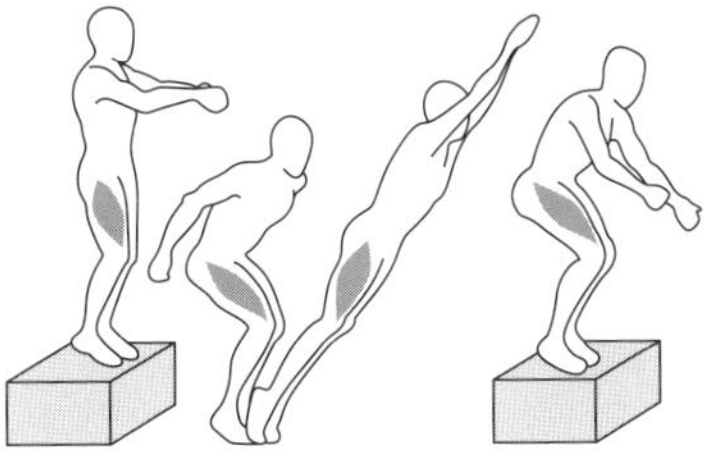

【非乳酸性機構・ATP－PC系】

筋肉線維内に含まれている高エネルギー化合物の一種であるクレアチンリン酸（CP）が、クレアチンとリンに分解するときに発生するエネルギーを利用します。ここでATPから分解されたADPにリンを結合させて、再びATPをつくるので

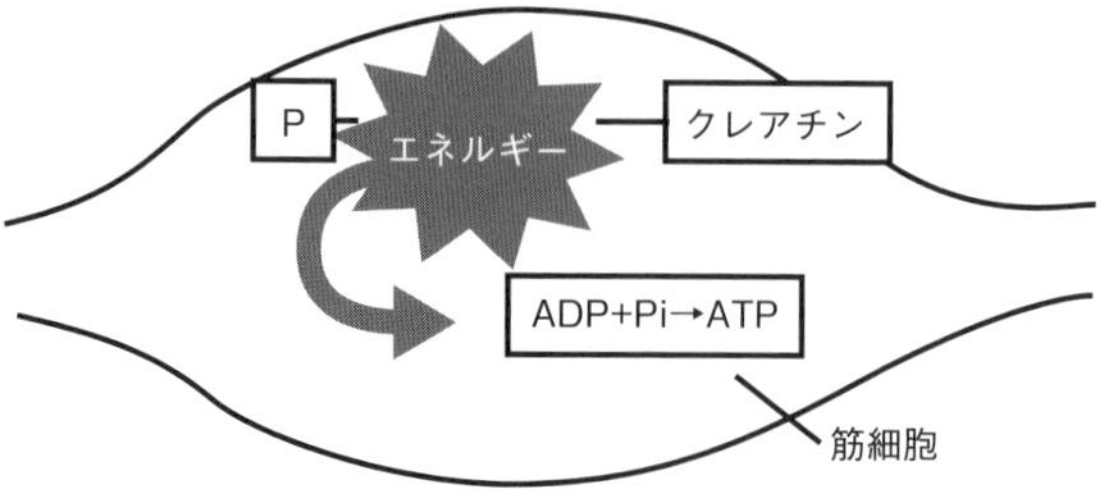

①非乳酸性の無酸素的エネルギー産生過程

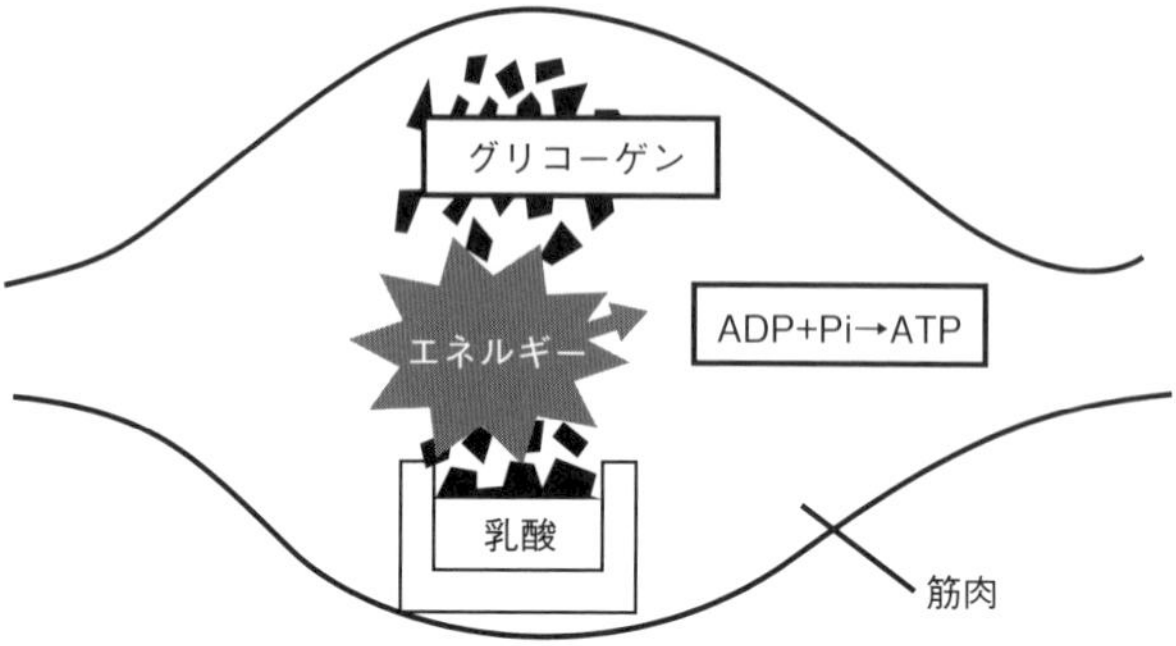

②乳酸性の無酸素的エネルギー産生過程

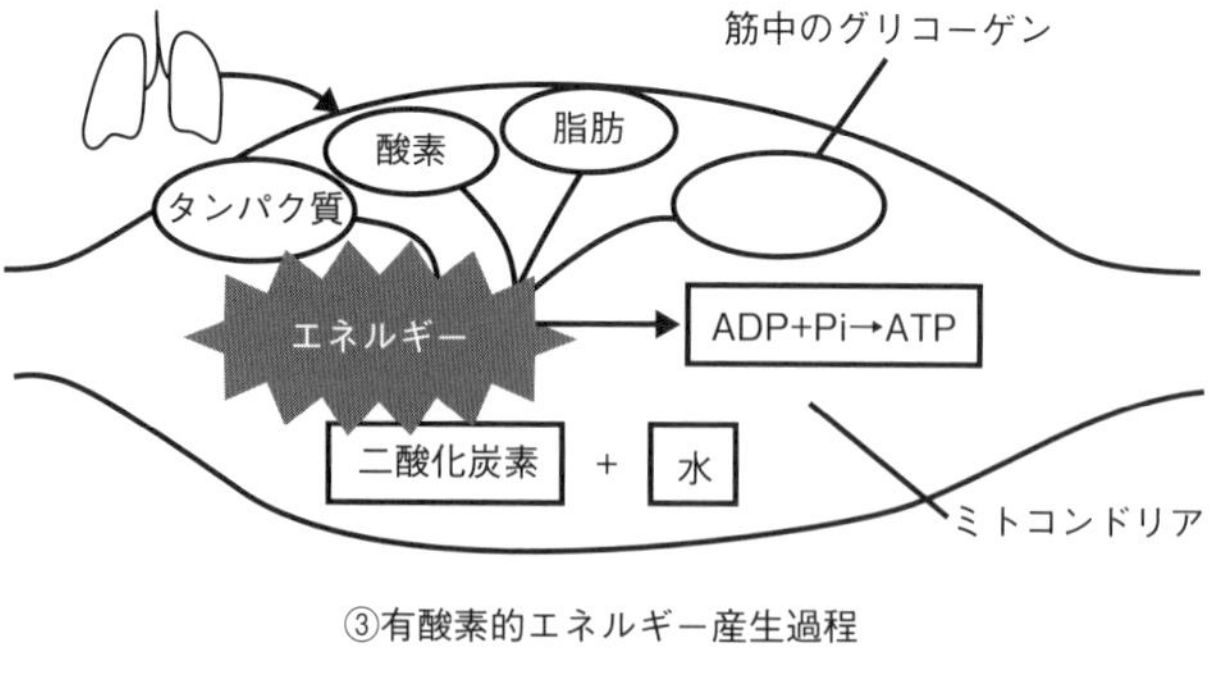

③有酸素的エネルギー産生過程

図3－8　筋収縮を継続するためのエネルギー「ATP」を産生（再合成）する３つの機構

（『勝ちにいくスポーツ生理学』根本勇著・山海堂・1999より）

す。このシステムは無酸素状態で爆発的な筋力を発揮する運動に使われます。エネルギーを供給できる時間は約7〜8秒なので、100m等の短距離走の運動レベルで供給されます。

【乳酸性機構・乳酸系】

乳酸が筋肉中に多量に蓄積されるまで、無酸素的に供給できます。エネルギー供給時間は約33秒、ATP―PC系と合わせて40秒程度利用できるので、200〜400m走の運動レベルで供給されます。この非乳酸性機構と乳酸性機構をあわせて「無酸素性エネルギー供給機構」と呼びます。

【有酸素性機構・有酸素系】

体外から酸素を取り込んでエネルギー供給をするので、供給時間は無限です。外部から取り込まれた酸素は、血液中の酸素運搬物質であるヘモグロビンによって筋肉へと運ばれます。しかし、このシステムによって得られる単位時間あたりのエネルギー量は非常に少ないので、全力運動には対応できず、中距離走からマラソンまでの有酸素的な運動レベルで供給されます。

4 神経系のメカニズム

①脳の働き

脳は人間の高次な生命活動の源です。中でも、約80％もの容積を占めるといわれている大脳は、きわめて高度な精神活動の中枢としてコントロールセンターの役目を担っています。大脳皮質と呼ばれる部分には、１００億もの神経細胞が集まり、ニューロン（神経系を形づくる単位）が絡みあう神経回路が数10億も存在しています。

大脳皮質には、はっきりとした分業態勢があります。筋肉運動を担当しているのは「運動野」であり、感覚を担当する「体性知覚野」と密接な関係を構築しています。分業といってもそれぞれの機能が独立しているのではなく、互いに関係し協調しあっています。

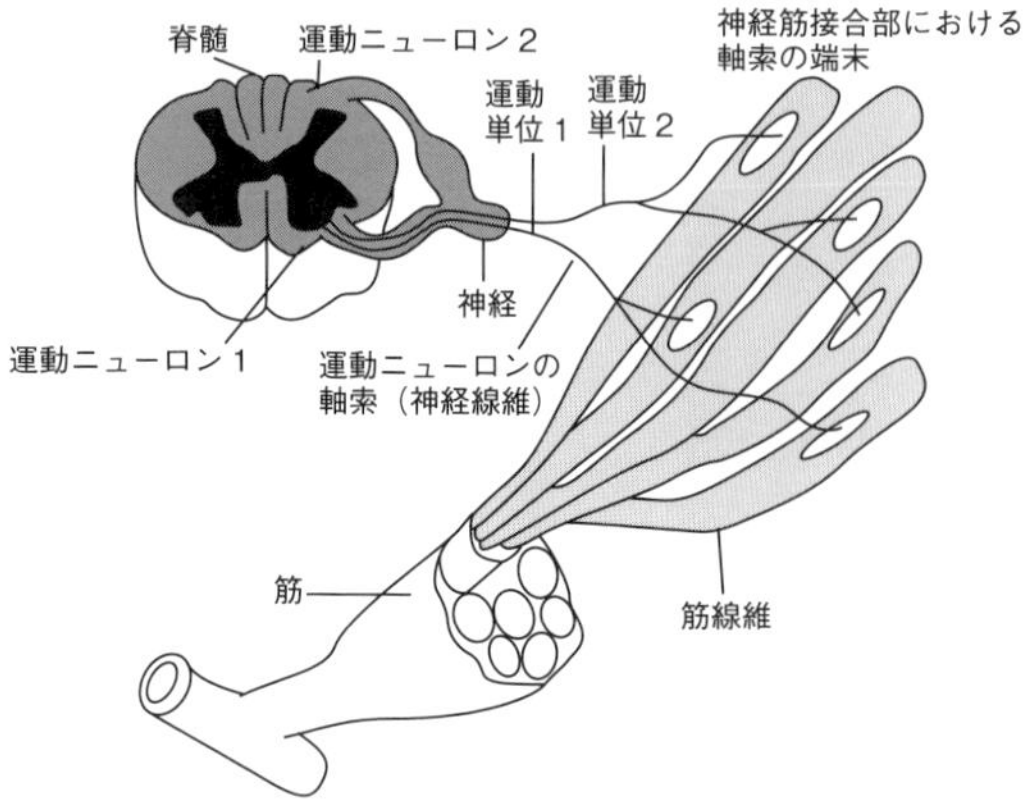

図３－９　運動単位を示す模式図

表３－②　筋肉の支配と神経支配比

筋肉の種類	筋線維数	運動単位の数	運動単位あたりの筋線維数（神経支配比）
広頸筋	27000	1096	25
腕橈骨筋	12900	315	410
前脛骨筋	250000	445	562
腓腹筋	1120000	579	1934

（Rasch, P.J. and Bruke. R.K., Kinesiology and Applied Anatomy : The Science of Human Movement 4thed. Lea & Febiger Philadelphia. 1971より）

大脳皮質の指令をうけて全身の運動機能をつかさどっているのが、脳幹部の後方にある小脳です。脳幹には、間脳・中脳・橋・延髄等があり、体温調節や呼吸・心臓の働きをコントロールするなど、基本的な生命維持のために重要な役割をはたしています。

② 神経伝達のしくみ

人間の神経系には、「中枢神経」と「末梢神経」の2系統があります。中枢神経には脳と脊髄で全身から情報を集め、全身に指令を出すという役割があります。一方の末梢神経は、身体の各部と

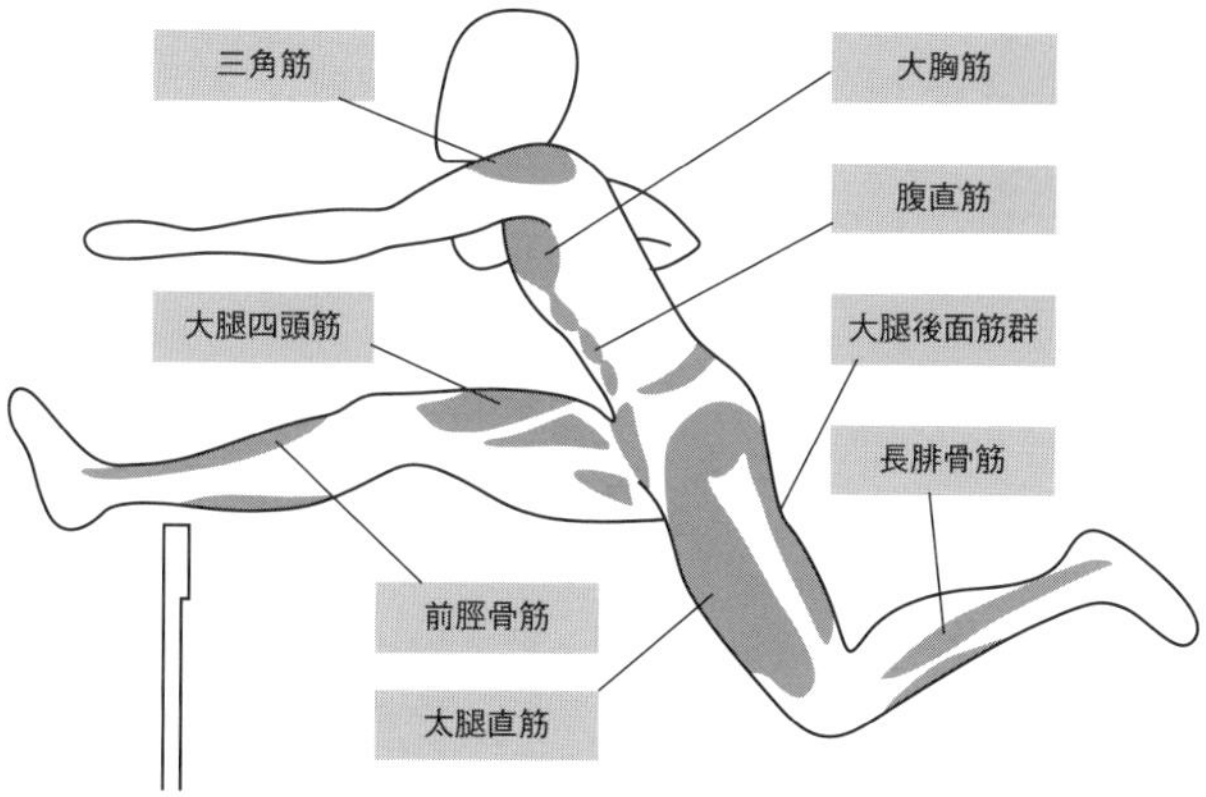

図3－10　ハードリングで使われる筋肉
IAAF CECS Textbook より小林訳

中枢神経を結ぶ配線にあたる役割を担っています。

神経伝達は、神経細胞が突起を出して結ばれた神経回路に活動電位（パルス）が伝わることで行なわれます。神経細胞はシナプスという接合部を通して、神経伝達物質のやりとりをします。電気的な信号を化学的な信号に変えて伝えるのです。学習や運動によって経験を重ねるとシナプスの数が増加し、神経回路がより複雑化してさらに高度な学習や運動ができるしくみになっています。逆に、使われなければシナプスは減少します。これを「運動単位」と呼びます（図3─9参照）。

③神経系と運動コントロール

動きのよしあしは、しばしば「運動神経」という言葉で表現されますが、厳密には「運動の指令を伝達し、調節する神経回路」を指します。例えば、一生懸命自転車の練習をしていた子供がひとたび補助輪なしで乗れるようになると、急速に上達することがよくあります。同様に、どんなスポーツでも経験やトレーニングを積むうち除々に上達し、洗練された動きが身につきます。これは、新たな神経回路が構築され、神経伝達が円滑に機能しはじめた証です。表3─②は、筋肉の種類と神経支配比をあらわしたものです。一般的に、精密な動きを必要とする指、舌、眼球、頸部等の筋肉では運動単位数が多く、1本の神経が扱う筋線維は少なくなるため、神経支配比は小さくなります。反対に、おおまかな制御ですむ殿部や脚部の筋肉では運動単位数が少ないため、神経支配比は大きくなります。

意思が働くすべての動作は筋肉の随意運動であり、神経によってコントロールされています。したがって、筋肉自体のトレーニングもさることながら、神経のコントロール能力を高めるトレーニング（スキルトレーニング＝技術トレーニング）を繰り返し行なうことで、いわゆる神経筋協調性が高まりパフォーマンスの向上が期待できます。

一方、運動中に起こる姿勢の変化に対応する自動的な調節や、危険をとっさに回避するときに無意識に筋肉が働くことを「反射運動（不随意運動）」と呼んでいます。このメカニズムに関与する神経経路が「反射弓」であり、感覚器や感覚神経で刺激や情報をとらえ、脊髄レベルで筋に収縮命令を伝えます。

Ⅱ　トレーニングの原理と原則

1　三大原理と五大原則

目的とする運動やスポーツに必要な体力向上のためには、しかるべき原理に基づいた一定期間のトレーニングが計画されなければなりません。以下は、トレーニングの三大原理と五大原則といわれるものです（図3－11参照）。

2 トレーニングの三大原理

① 過負荷の原理（Law of Overload）

過負荷（オーバーロード）とは、「トレーニングに伴う筋肉量の増加は、運動の強度が日常の生活レベル以上であるときに起こる」という〝ルーの法則〟をあらわしたものです。日常の家事や労働でかなり動いても、動きそのものが習慣化されてしまうためトレーニングにはなりません。これはウォーミングアップでも同じことがいえます。

したがって、体力や筋力の向上に合わせて漸進的にトレーニングの強度（負荷）を高めていくことが大切です。とはいえ、急激に負荷を上げると効果はおろか、スポーツ障害や怪我を引き起こす原因にもなるので注意が必要です。

トレーニングを行なうと、当然ながら身体に疲労が生じます。この場合、適度な休養をとることで予備のエネルギーを蓄え、トレーニング前よりも若干体力的に高まった状態へと回復します（図3－12参照）。これが「超回復」です。

超回復はトレーニングの負荷によって、その出現も異なります。図3－13では、さまざまな負荷による超回復の傾向を示しています。

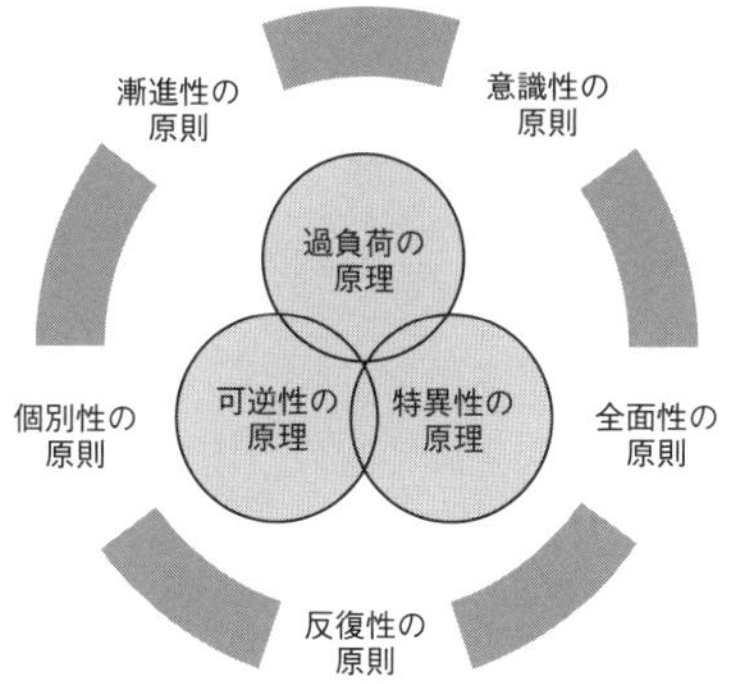

図3－11 トレーニングの三大原理と五大原則
（IAAF Introduction to Coaching Theoryを小林訳）

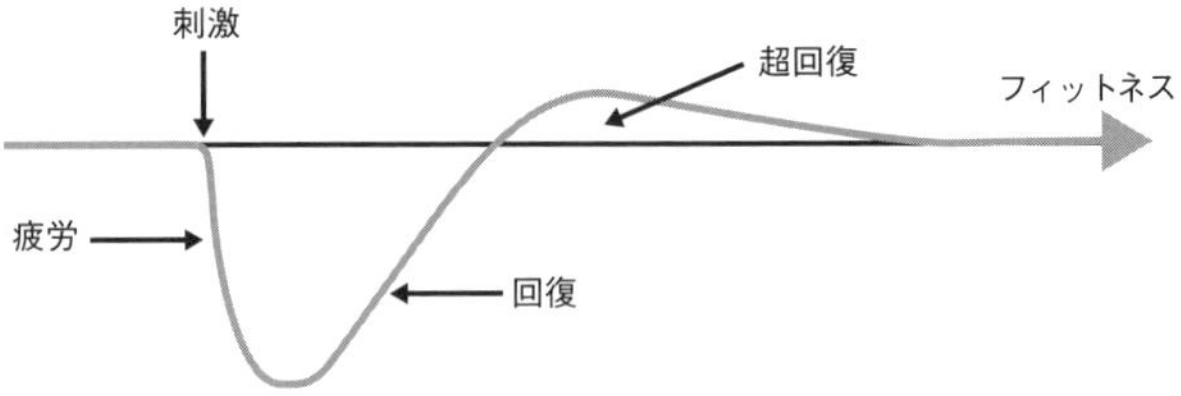

図3－12　オーバーロードの原則（概念図）
（IAAF Introduction to Coaching Theoryを小林訳）

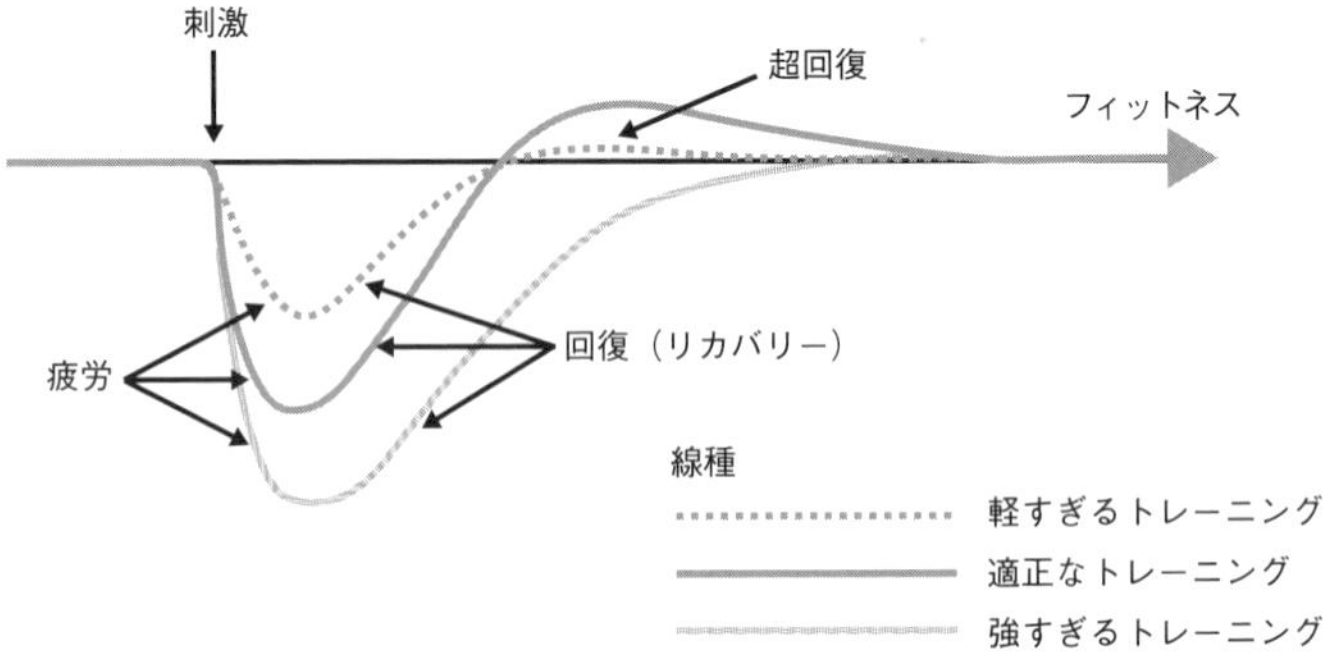

図3－13　トレーニング負荷の変化による回復の傾向
（IAAF Introduction to Coaching Theoryを小林訳）

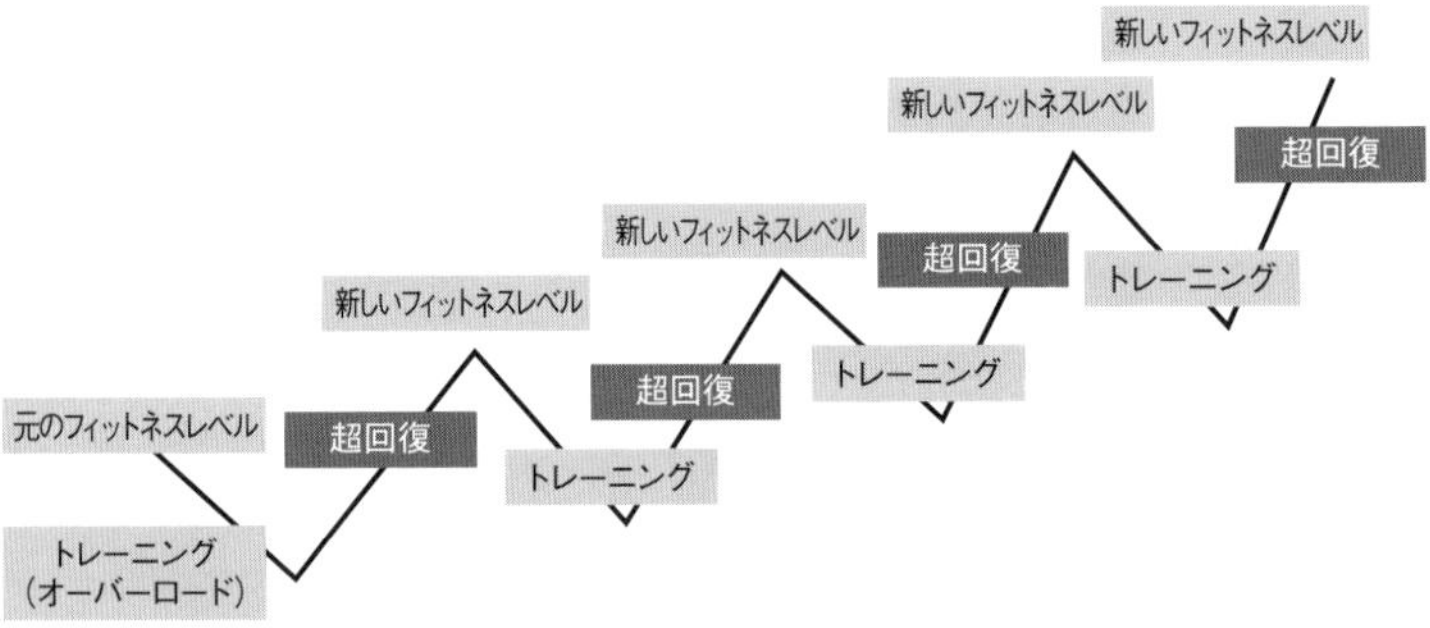

図3－14　漸進的なオーバーロードによるフィットネスの向上
（IAAF Introduction to Coaching Theoryを小林訳）

② 可逆性の原理（Law of Reversibility）

人体にはさまざまな環境に適応する能力が備わっています。トレーニングの頻度が高くなれば、その効果は外見のみならず身体能力や競技成績に反映します。しかし、トレーニングを中止すると身体は元の水準へと戻り、筋力や筋量はその人が日常的に使っている筋力レベルにまで後退します。この特性を「可逆性」といいます。図3－14は、漸進的なオーバーロードにより、フィットネスが最適に向上する模式です。

③ 特異性の原理（Law of Specificity）

トレーニングの種類、強度、量、頻度を選択し、その条件に合わせてトレーニングの内容を決めることを「特異性の原則」といいます。トレーニングで最適な効果を得るためには、目的に合わせたトレーニングを選ぶ必要があります。部位の「どこ」を使って、「何をどのように」機能させるかを明確にすることが必要です。

3 トレーニングの五大原則

① 意識性の原則

トレーニングに取りくむ前提条件ともいえるモチベーション、すなわち自覚や意欲といった動機づけにあたるものです。トレーニングでは、その特性や効果を意識して創意工夫し、意欲的に取りくむ姿勢が大切です。指導者からの一方的なものばかりでなく、何がどのように必要なのかを自ら理解し、積極的に実践できるような方向づけが必要です。

②**全面性の原則**

身体の部位別のトレーニングよりも、全身のバランスに配慮したプログラムを実施することが重要です。また、筋力・持久力・柔軟性等、体力の構成要素も多面的に高める必要があります。特に身体の発育・発達が著しいジュニア期には、偏ったトレーニングは控えてさまざまな運動に取りくみ、全身を使ったオールラウンドな身体づくりが望ましいでしょう。

③**反復性の原則**

特に体力や技能の要素は、一朝一夕で向上するものではありません。トレーニングとして反復を繰り返すことで適切な能力が習得でき、効果も期待できます。したがって、トレーニングの可逆性という特性を踏まえ、計画的かつ継続的に行なう必要があります。

④**個別性の原則**

体力や技能には個人差があるので、トレーニングを行なう個人の諸要素（目的・年齢・性別・体力水準・身体能力等）に合わせてプログラムを組むことが必要です。個別性を無視するとオーバートレーニングに陥り、その効果も減退します。

⑤**漸進性の原則**

トレーニングの内容を簡単なものから難しいものへ、弱いものから強いものへと徐々にレベルアップしていく原則です。トレーニングの過負荷の原理に従い、身体能力の向上に合わせて、トレーニングの質や量を計画的に高めていくことが必要です。

Ⅲ　トレーニングの基礎知識

1　トレーニングの処方

トレーニングを計画的に設定することを「トレーニング処方」といいます。健康づくりであれ、競技志向であれ、トレーニングの効果を上げるためにはトレーニング・セオリーが不可欠です。トレーニングは体力・技術・戦術・意志・理論といった内容で構成されていますので、これらをバランスよく配置し、競技種目の特性にも配慮しながら計画的に実施することが大切です（図3－15参照）。

実施計画を立てるためには、体力や技術の現状を客観的に把握してから具体的な処方を検討しなければなりません。トレーニングに対する誤った認識や思い込みは健康を害する要因にもなりかねず、身体にマイナスの作用を引き起こすことがあります。

トレーニング処方に際しては、以下のような条件・種類・強度・量・頻度等の要素を考慮する必要があります。

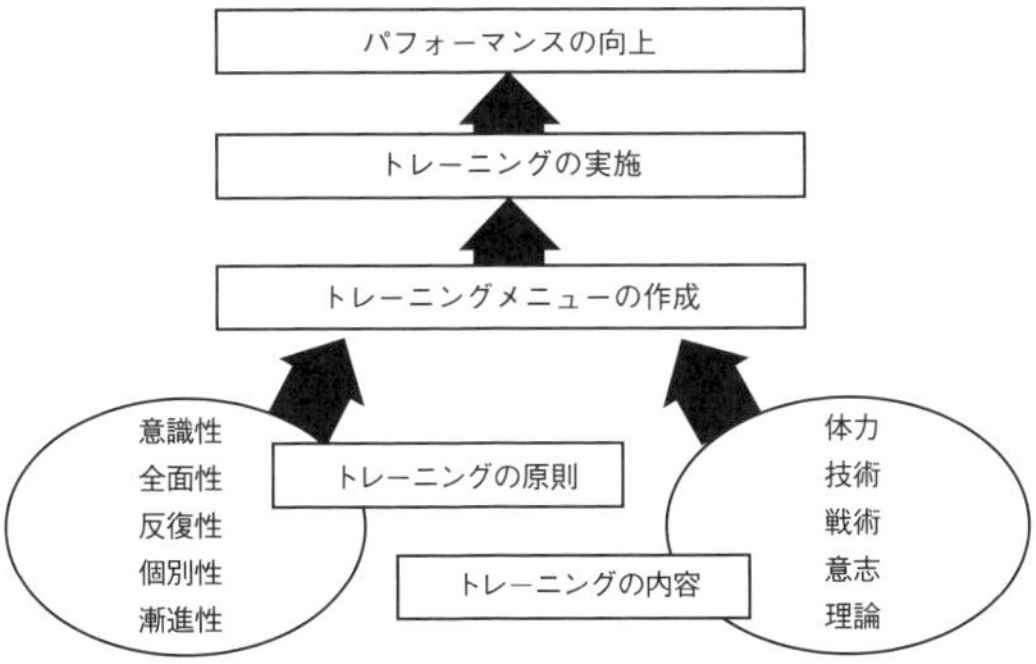

図3－15　パフォーマンス向上への効果的なトレーニング

■トレーニングの条件

トレーニングをする目的・年齢・性別・体力水準・運動能力・トレーニング年齢等の背景を把握しておかなければなりません。

■トレーニングの種類

トレーニング内容には多くの種類があります。その中から、条件に見合って効果が期待できる方法を選びます。単発的な方法に頼らず、いくつかの要素を複合的に向上させる方法を見出すことが効果的です。

■トレーニングの強度

トレーニングの強度は、トレーニングによる最大値に対する割合（比率）、一定の距離に要する時間、最大測定値に対する割合（比率）等を用います。一般的に、その比率が高いトレーニングや時間が長いトレーニングほど強度が高いといえます。

■トレーニングの量

トレーニングの量的尺度は、筋力トレーニング系では繰り返す回数やセット数、持久性トレーニングでは持続時間や距離、セット数等が指標となります。一般的にはトレーニング強度との関係で考えられ、強度が高ければ量は少なく、強度が低ければ量は多めになります。

■トレーニングの頻度

トレーニングの頻度は、一般的にはトレーニングを実施する回数（通常、週間計画では一週間に何日トレーニングを行なうか）をあらわします。休養日の設定は、競技種目の特性や時期によってさまざまです。休養日に合わせた練習日の設定も大切です。

2 トレーニングの計画

■ピリオダイゼーション（Periodisation）

ピリオダイゼーションは、1970年代末に旧ソビエトの学者たちが、おもに重量挙げ選手のためのトレーニング計画の中で提唱したものです。わが国では「期分け」と訳されていますが、競技会等の目標に向けてトレーニングの期間を区切り、その期間ごとに新しい刺激（トレーニング内容）を導入して計画をたてるという意味で使われています。

ピリオダイゼーションは、〝生体は環境の変化に合わせて適応していく〟という、前述の「可逆性の原理」に基づいたトレーニングです。環境の変化に生体が適応するまでには数ヵ月を要するといわれますが、いったん適応してしまうとその後、身体能力はあまり向上しません。それまでのものとは異なる新しい刺激が必要になってきます。

一般的にはトレーニングを開始してから早くて2～3ヵ月で適応（効果ともいう）があらわれはじめます。それ以上の効果を望むのであれば、トレーニングのパターンを変えたり、新しいトレーニング・プログラムを課して、新たな適応に向けさせることが必要です。

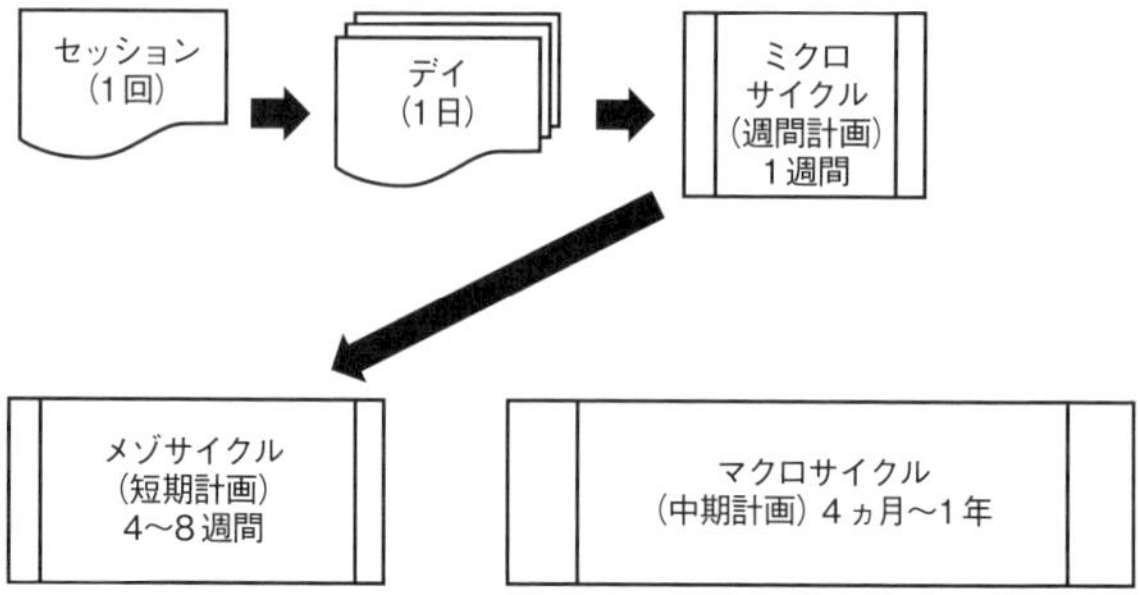

図3－16 トレーニング計画の時間的構造

ピリオダイゼーションは、こうした区切りのことを「期」とし、その中でトレーニングの量を変化させ、量に反比例させて強度を変えていくというトレーニング処方の原則に従っています。

図3―16は、トレーニング計画の時間的構造の概念です。「セッション（Session）」とは一般的に「トレーニング・セッション」のことで、トレーニング単位をあらわし「ワークアウト（Work Out）」とも呼ばれています。また、「デイ（Day）」とは、数回のセッションで構成される1日のことをいいます。ある1日「デイ」のトレーニングを例にあげると、ウォーミング・アップ、パスなどの基本練習、全体のフォーメーション練習、補強トレーニング、クーリング・ダウンの5つの「セッション」から構成されています。

週間計画は「マイクロサイクル（Microcycle）」（ミクロサイクルともいう）といわれ、1週間単位として年間52マイクロサイクルとなります。短期計画は「メゾサイクル（Mesocycle）」といわれ、通常は4～8週間をあらわします。一般的に、トレーニングはその開始から2～3ヵ月で一定の適応（効果）が出はじめるので、メゾサイクルは非常に重要な位置を占めています。メゾサイクルよりスパンの長い中期計画を「マクロサイクル（Macrocycle）」といい、メゾサイクルを2～3周期、つまり4～6ヵ月から長くて1年間の範囲を考えます。複数年に1回のオリンピックやワールドカップといった大きな目標には、さらに長期計画としての「マクロサイクル」も必要です。

■ピリオダイゼーションの実際

ピリオダイゼーションの基本単位は、週間計画であるマイクロサイクルです。1週間（月曜日から日曜日まで）にどのようなパターンでトレーニング負荷をかけるかを計画していきます。図3－17から図3－19は、非鍛錬者・鍛錬者の準備期、および試合期のマイクロサイクルのパターン例です。図のように、休養日やトレーニングの強弱（変化）を明確にすることで新鮮なモチベーションが得られ、より大きなトレーニング効果が期待できます。

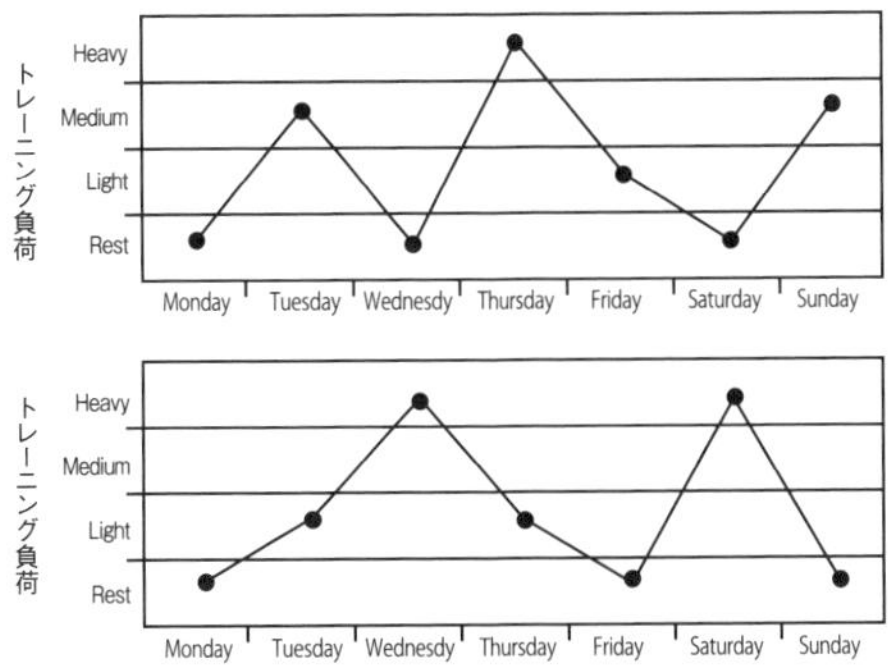

図3－17 非鍛錬者のミクロサイクル例
（上：準備期、下：試合期）
（IAAF Introduction to Coaching Theoryを小林訳）

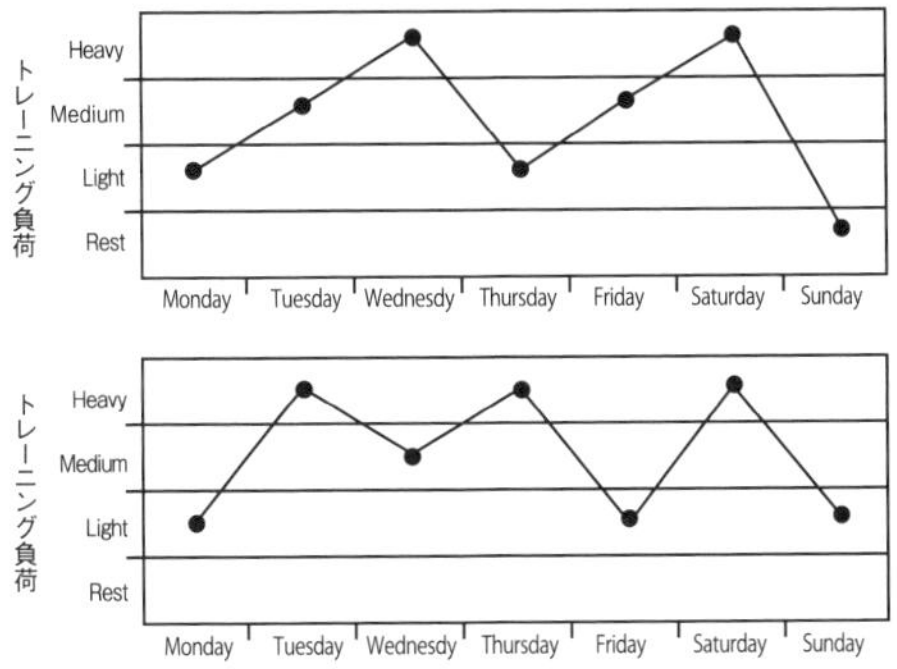

図3-18 鍛錬者のミクロサイクル例（準備期）
（IAAF Introduction to Coaching Theoryを小林訳）

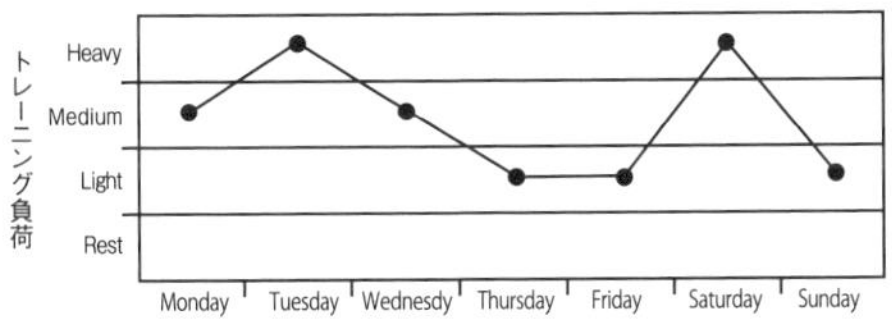

図3－19 鍛錬者のミクロサイクル例（試合期）
（IAAF Introduction to Coaching Theoryを小林訳）

ここにあげたのは跳躍選手のためのマイクロサイクルの例で、準備期から試合期にかけてジャンプに必要な体力要素別のトレーニング割合をパターン化したものです。これによると、試合期に近づくにしたがって、専門的なスピードや跳躍技術のトレーニング等、質的な内容に重点を置くように配慮されています。

3 トレーニングの実際

■過負荷の原理に従う

トレーニングを行なう際には〝筋力を高めるためには、一定水準以上の短時間の強い負荷が必要である〟という前述の「過負荷の原理（オーバーロード）」に基づく必要があります。

筋力を高めるには、最大筋力の3分の2以上の強度で、単発的、もしくは反復回数を少なくしてトレーニングを行なうのが一般的です。さらにパワーをアップする（より高く、瞬発的な筋出力がもとめられる）場合は、負荷を中程度（最大筋力の40〜65％）に抑え、少ない回数をハイスピードで反復します。筋持久力を高めようとする場合は、負荷をこの下の領域（最大筋力の40％前後）まで抑え、反復回数を増やして行ないます（表3—③参照）。

■最大筋力を知る

負荷の設定にはいくつかの代表的な方法があり、その第一は自己の最大筋力を知ることです。筋力トレーニングの各種目において、最大努力をして1回挙上できる重さ（1RM）がその種目の最大筋力になります。

一定重量を挙上する回数は、最大筋力が強い人ほど多くなりますので、最大反復回数から最大筋力を推定することもできます。この方法であれば、怪我や事故のおそれがある最大努力測定を行なわなくても、ほぼ妥当な最大筋力を割りだすことができます。一般的な測定方法としては、安全な範囲でやや重め（10回以内で反復できる重さ）の負荷を選び、その反復回数を測定します。次に、図3－20の目安を利用して100％1RM（最大筋力）をもとめます。

例えば、ウエイト・トレーニングの代表的な種目であるベンチ・プレスにおいて、60kgの負荷を8回反復したとします。表3－④によると、反復回数8回は80％1RMに相当しますので、75kg（60kg÷0.8＝75kg）が推定最大筋力となります。

表3－③　筋肉トレーニングにおける目的と運動回数

トレーニングの目的	負荷強度（%）	回　数	セット数
最大筋力強化	85~90	3~1	3~10
	95	1	2~5
	100	1	1~3
筋パワー強化	55~65	5~3	4~6
	70~80	3~2	4~8
	85	2~1	4~8
筋持久力強化	35~50	10~5	5~8
	55~65	7~3	4~6
	70~80	5~3	3~6

（『トレーニング科学ハンドブック』トレーニング研究会編・朝倉書店・1996より）

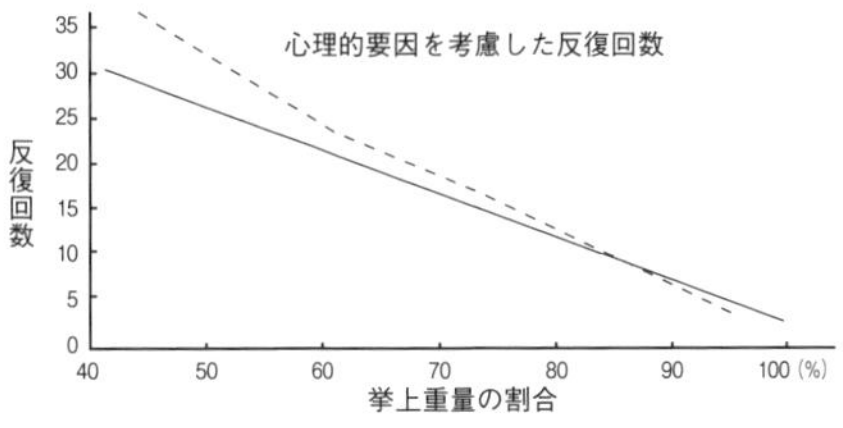

図3－20　最大筋力に対する挙上重量の割合と限界反復回数の関係

（『スポーツ別筋力パワーアップトレーニング』花岡美智子著・ナツメ社・1992より）

■トレーニングの負荷設定

筋力トレーニングは、個人の筋力的な体力差・性別・トレーニングの目的やレベル等を考慮して行なわれるため、実際にはきわめて個別的です。以下に、トレーニングの負荷を設定する際の代表的な方法を紹介します。これらを参考に、トレーニング・プログラムを作成するのも一考です。

【RM法（Repetition Maximum Method)】

トレーニングの目的に応じて負荷を決めることをRM法と呼びます。「1RM」を最大筋力とす

表３－④　1RM に対する割合（%）と反復回数の目安

%1RM	反復回数（回）	自覚強度
100%（1RM）	1	ひじょうに重い
95%	2	
93%	3	
90%	4	かなり重い
87%	5	
85%	6	
80%	8	重い
77%	9	
75%	10	
70%	12	やや重い
67%	15	
65%	18	
60%	20	軽い
50%	25～	ひじょうに軽い

（『ゼロからはじめる！　筋トレプログラムの作り方』有賀誠司著・山海堂・2005 より）

ると、例えば「４ＲＭ」は４回反復できる重さ＝約90％の負荷（表３－④参照）を意味します。ベンチ・プレスで推定最大筋力75kgの選手に、８ＲＭ×５セットのトレーニング・メニューを課した場合、この選手は最大筋力の80％の強度でトレーニングを行なうことになります。

【パーセント法（% Method）】

この方法は、「１ＲＭ」（最大筋力＝１００％）に対してどのくらいの割合（％）でトレーニングを行なうかという目安です。表３－④によると、95％は２回反復可能な重量（負荷）、70％は12回反復可能な負荷であることがわかります。

実際には「きょうのトレーニングはパワー養成のために50％の負荷で行ないます」等と表現されます。

■日常生活の負荷レベル

普段の生活では、いくら忙しく家事労働をこなしたとしても、最大筋力の20～30％程度の弱い筋力しか発揮されません。これは、筋の収縮が〝毎日の生活行動〟という環境に適応してしまうためで、場合によっては筋力が低下する傾向にあります。日常生活の負荷レベルは、比較的低いものだと認識しておきましょう。

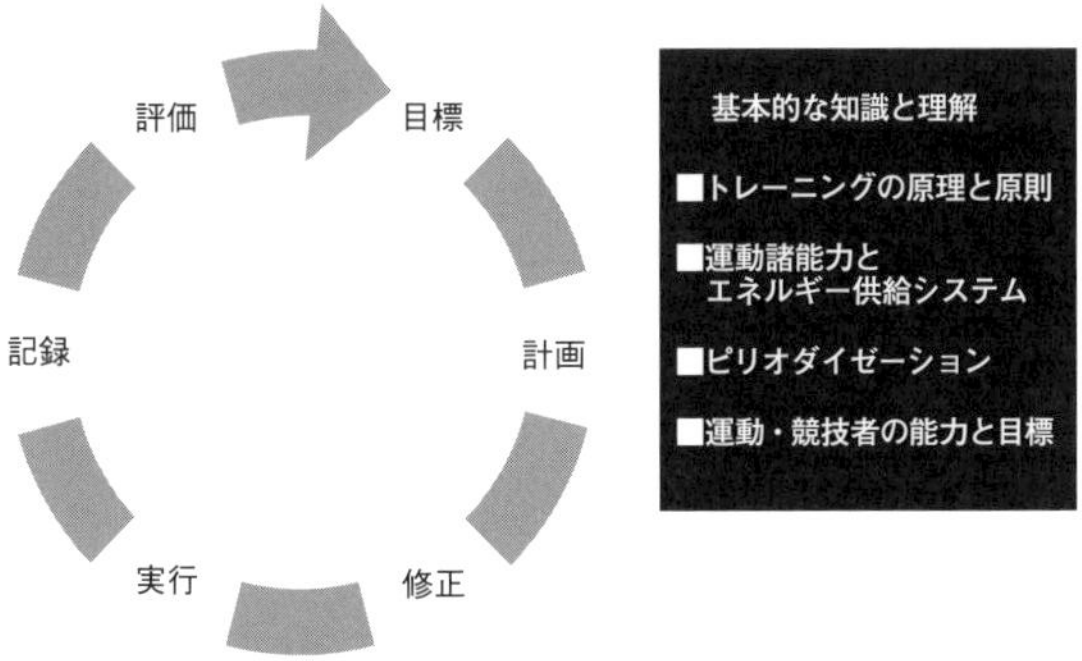

図3－21　トレーニング・プログラムの運用プロセス

4 トレーニングの評価

図3－21は、トレーニング・プログラムの運用プロセスをイメージ化したものです。ここまでお話ししてきたように、目標を決めて計画をたてるときには基本的な知識としてトレーニングの原理・原則、運動諸能力とエネルギー供給システム、ピリオダイゼーション、運動・競技者の能力と目標を把握する必要があります。いざ計画を実行に移しても、その計画が不十分であったり無理が生じたりする場合も出てきます。その際には、当初の計画を柔軟に修正しながら行なっていき、記録の測定や競技成績などの客観的な結果に基づいて評価します。記録や勝敗にかかわらず、これらを「競技成績（パフォーマンス）」といいます。

多くのスポーツは競技成績の向上を目指してトレーニングを行ない、何らかの成果を期待するものです。しかし、いつも期待通りの結果が得られるとは限りません。つねにその結果を真摯に受け止め、新たな目標に積極的な姿勢で取りくめるよう適切な方向づけをしなければなりません。これを、トレーニング・プログラムの「フィードバック」といいます。

Column 3

トラウマティック・インシデント

怪我の多くは“オーバー・ユース（Over Use）”による外的要因と、“トラウマ（Trauma）”による精神的要因の関与が大きいとされています。

このうち“トラウマティック・インシデント（Traumatic Incident）”は、アスリートがつねに抱えている内面的な不安が偶発的に起こり、怪我に至ることを指します。慎重すぎるウォーミングアップや、テーピング、マッサージ等のケアに頼るすぎるのも、その多くはアスリートが過去に重大な怪我をしたときのトラウマが潜在的に残っているあらわれです。もちろん、ドーピング等の禁止薬物に頼ることはもってのほかです。

アスリートは多くのリスクを背負っていることを忘れてはいけません。むしろ、そのリスクを最小限に止めようとする“ボディ・メンテナンス”を心がけるべきです。ただし、依存度が高すぎると、逆にトラウマティック・インシデントを誘発する原因にもなるので注意しましょう。

第4章

テーマ別
ボディコントロール

ストレングス系エクササイズ

ストレングス系エクササイズの活用法

(1) ストレングス系エクササイズの特徴

ストレングス系エクササイズは、文字通り筋力を高める目的で行なうものです。ここでいう筋力とは、単に重量物をあげたり、抵抗物を引いたり、投げたりすることばかりではありません。身体能力の諸要素を地面に作用させ、地面からの反力を利用して身体を動かします。このことから、筋力の出力(強さ)が必要であることはもちろん、適切な発揮の仕方(タイミング)も重要になってきます。

本書のストレングス系エクササイズは、ウエイトトレーニングのような最大筋力の発揮や、絶対筋力の向上を目指すものとは多少異なります。おもに自体重を使ったものや簡単な器具を用いたものが、ストレングス系のボディコントロールです。

（2）姿勢と動作のチェック

エクササイズの中には、移動を伴わずその場で負荷をかけて実施するものと、水平あるいは垂直方向へ重心移動しながら行なうものがあります。

どのようなエクササイズを行なうときも、まず正確な開始姿勢（スタートポジション）を確認します。例えば、足の位置やスタンス幅はどうか、荷重はつま先寄りか、かかと寄りか、膝は伸ばすのか曲げるのか、どのくらい曲げるのか等です。次に動作のチェックを行ないましょう。正確でタイミングのよい（またはリズミカルな）動作は、力をよりスムーズに伝達します。さらに、目的姿勢（ターゲットポジション）のチェックも欠かせません。これは、どこまで伸び上がるのか、あるいは沈み込むのかといった最大動作局面等の確認です。

〝回数をこなせばいい〟〝キツければいい〟といった実感的なトレーニングは、決して効果的なトレーニングとはいえません。

（3）プログラム作成の目安

①エクササイズの選択

厳密にいえば、スポーツの競技や種目の特性によって採用するエクササイズは異なります。しかし、本書で紹介しているエクササイズは汎用性がありますので、基本から応用まで、さまざま

＜参考＞実施者の体力レベルに応じたセット数の目安

上級レベル	4〜5セット
中級レベル	3〜4セット
初級レベル	2〜3セット
初心者レベル	1〜2セット

な競技に役立つものです。競技や種目の特性にこだわりすぎて、特定のエクササイズしか採用しないという選択方法は決しておすすめできません。

②リピート数 Repeats

リピート数とは、1つのエクササイズを何回実施するか、すなわち反復回数のことです。例えば、〝腕立て伏せを20回行なう〟というように、「エクササイズの種類＋リピート数」と示します。左右どちらでもできるエクササイズに関しては、利き手や利き脚に偏ることなく均等に行なって下さい。

③セット数 Sets

セット数は、〝腕立て伏せを20回、3セット行なう〟というように「(エクササイズの種類＋リピート数)×セット数」と示します。左右別々に行なうエクササイズの場合、ここでは〝左右20回ずつ交互に行なって、それを3セット実施する〟といった方法を推奨します。これは筋と神経の協調を図るためです。セット数の目安は、実施者の体力的なレベルで上の表のような例を提案します。

＜参考＞1週間におけるテーマ別エクササイズのセッション数の目安

ストレングス系　3回/週	バランス系　6回/週
スピード系　2回/週	
パワー系　1回/週	
休養日	

自分がどの体力レベルに位置するか、セット数をこなすだけの十分なトレーニング時間があるか等、不特定な要素もありますので、エクササイズの種類やリピート数とも関連づけて無理のないプログラムを作成して下さい。

④ セッション数 Sessions

セッション数とは、1週間のうち休養日を除く6日間の中で、このストレングス系のエクササイズを何回行なうかを設定することです。例えば週3回に設定した場合、月―水―金と隔日で行なうのか、月―火―水と連日で行なうのか、あるいは月―水―木など変則的に設定するのかは、他のトレーニング要素との兼ね合いを考慮する必要があります。ストレングス系エクササイズの場合、ウエイト・トレーニングやパワー系のトレーニングとの関係を明確にし、効率的かつ効果的に活用すべきです。ここでは、〝ストレングス系を強化したいので週3回実施する〟という設定をその一例として紹介します。

同様に、スピード系やパワー系の割合を変化させると異なったパターンができるでしょう。

1 ステップオーバー

1 その場で無理なくまたぎ越せる高さのハードルを準備する。連続して並べてもよい。どちらからスタートしてもかまわないが、リズムよく、右・左とまたいでハードルの前方に出る。2 3 4 ハードルをまたぐ。またぐときに腰が入らない場合は、スタートポジションが近すぎて窮屈であったり、股関節が硬かったり、腕がうまく使えていないといった原因が考えられる。上体はアップライト（顔は正面を向いた立位姿勢）で、リードレッグは中心軸の前方まで運ぶ。5 6 次に後方の脚を抜くが、最初の脚は着地後、素早くスタビリティーを確保して支持脚となる。上体はアップライトで脚を抜くときに腰を折らないこと。ハードルが1台の場合は逆モーションも行なう

2 Tバランス・ローテーション

1 ハードルと平行に立ち、ハードル側の腕および脚を伸展させながら、股関節角度が 90 度になるまで上体を前傾させる。横のラインはハードルとほぼ平行。支持脚のスタビリティーを確保しながら数秒間キープする

↓

2 上体を徐々に上げながら始動する。フリーレッグは膝の高さを変えないで、高い位置で膝を曲げながら横抜きをする。上体は急激に起こさず、前傾を保ったまま脚の動作を行なう。腕でバランスをとりながら、支持脚のスタビライズを図る

↓

3 フリーレッグがハードルの真横にきたとき、膝の位置は高いポジションをキープする。足首やつま先にも意識をもち、宙ぶらりんにしない。上体はこのとき、最もアップライトとなる

4 膝を伸ばしながらハードルの前半部を抜く。膝やかかとが落ちると引っかけてしまうので、腕で上体を引き上げる。股関節の硬い人にはかなりキツい局面である。上体はアップライトから後傾姿勢に移る

5 完全にハードルを抜けたらインクライン姿勢をつくって終了する。支持脚およびその対角の腕は、しっかり鉛直方向をとらえ、この姿勢でのスタビリティーを確保する。逆サイドおよび一連の動作の逆モーションも行なう

3 ダブルエルボー

❶ ベンチや椅子にかかとをかけ、膝関節および股関節角度を直角（さまざまな角度で行なうと、より効果的）に保つ。両手を頭の後ろで組みながら頭部を起こし、視線を両膝に向ける。接地している両かかとや殿部のスタビリティーを意識。❷ 両肘を内側に絞り込みながら両膝に向かって上体を起こす。起こせる範囲（可動域いっぱい）までをターゲットとする。スタート姿勢からターゲット姿勢までの一連の動作を反復する。❸ 最後にひねりを加える方法もある。片肘を内側に絞り込みながら、対角の膝に向かって上体を起こす。ひねり起こせる範囲（可動域いっぱい）までをターゲットとする

4 シングルアーム

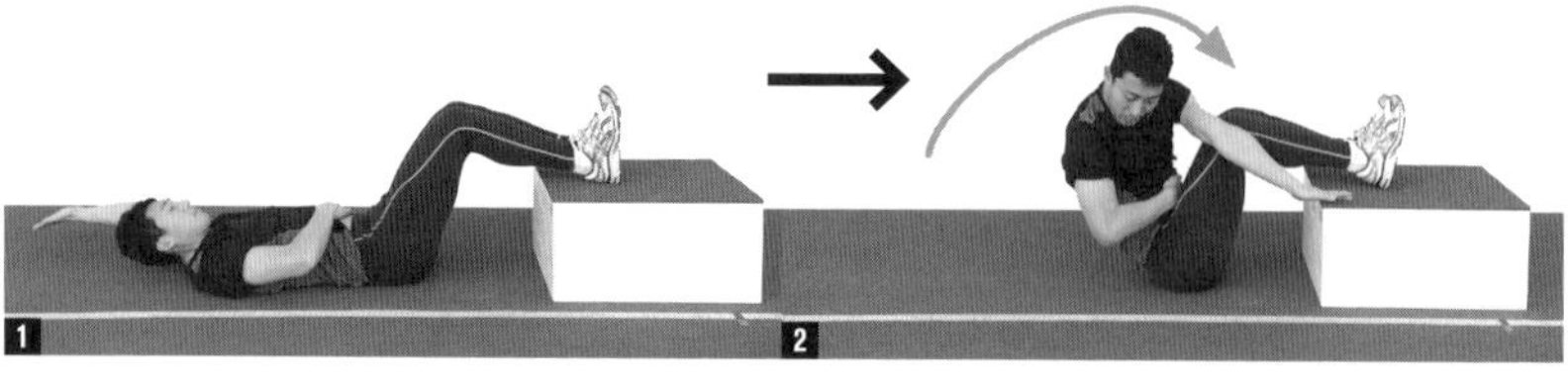

片腕を大きく開いて行なうようにしたシングルアーム。❶ スタートポジションから、❷ 伸展させた片腕をリードアームとして、対角脚の外くるぶしを目指して上体を起こす。ひねり起こせる範囲（可動域いっぱい）までをターゲットとする。スタート姿勢からターゲット姿勢までの一連の動作を反復する

5 ダブルアーム

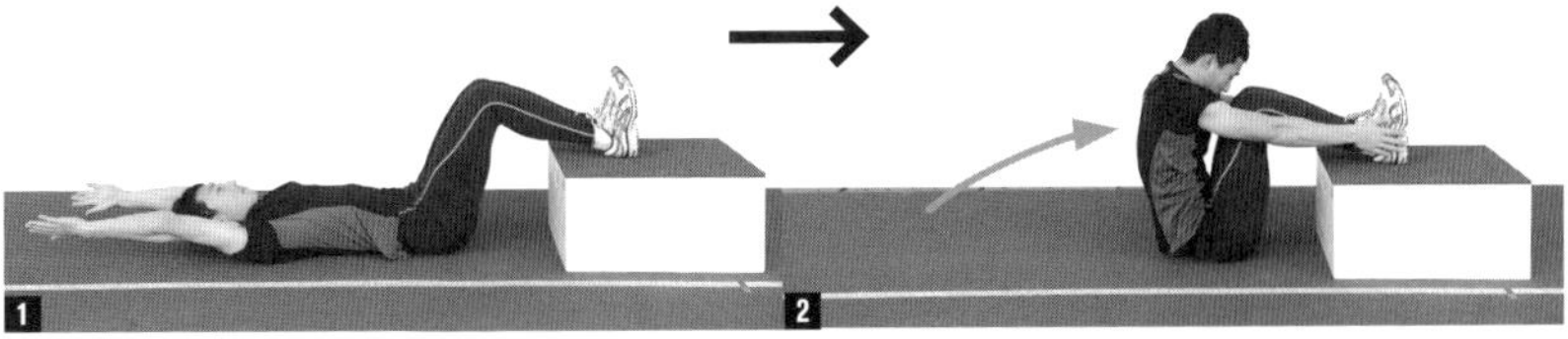

両腕を大きく開いて行なうようにしたダブルアーム。1 スタートポジションから、2伸展させた両腕をリードアームとして、両サイドの外くるぶしを目指して上体を起こす。起こせる範囲(可動域いっぱい)までをターゲットとする。スタート姿勢からターゲット姿勢までの一連の動作を反復する

6 オポジット

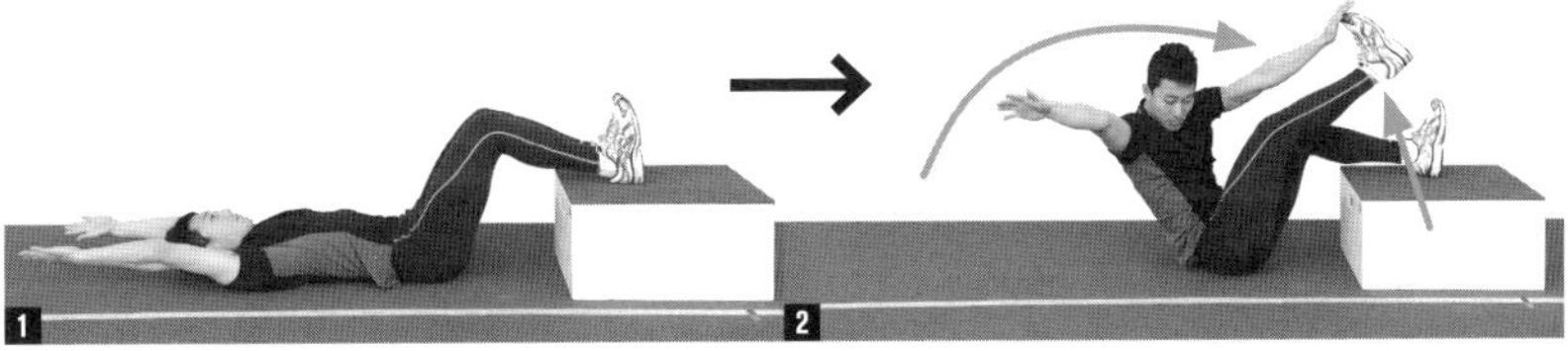

手脚両方の動作を交えたダブルアーム。1 両腕を大きく開いたスタートポジションから、2 片腕をリードアームとして、対角脚のつま先を目指して上体を起こす。同時に、対角脚を上げる。ひねり起こせる範囲（可動域いっぱい）までをターゲットとする。スタート姿勢からターゲット姿勢までの一連の動作を反復する

7 ショルダー・ブリッジ

1 スタート姿勢。腕を胸の前で組み、両腕を曲げて両かかとで接地する。頭を起こして正しい姿勢であるかを確認する。両かかとを殿部に近づけたり離したりしながら、負荷を変えてみるとよい。2 ターゲット姿勢。スタート姿勢から大殿筋を寄せて腰を上げる。両腕が前で組まれているので、上背部が丸みを帯び、不安定な要素をつくるのが狙い。上背部と両かかとの３点支持姿勢となる。3 ３点支持から片側のかかとを外し、上背部と片かかとの２点支持となる。外した脚は、膝を伸展させるほど負荷が大きくなる。支持された２点のスタビリティー（安定化）を図る

8 ショルダー・ブリッジ（レッグハイ）

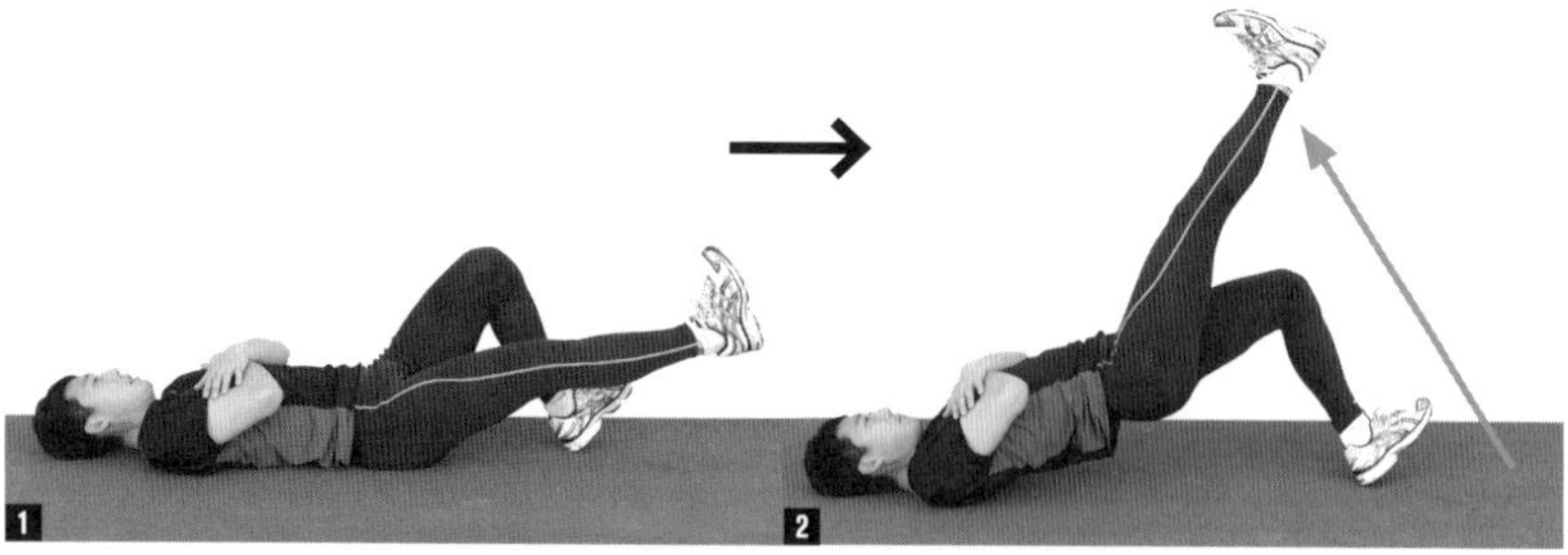

1 スタート姿勢。最初から片側のかかとを地面から離しておき、リード脚を高く上げる準備をする。頭を起こして正しい姿勢を確認する。いきなり行なわずに、ルーティン（一連の動作）をいったん確認してからはじめる。

2 ターゲット姿勢。ショルダー・ブリッジからリード脚を高く上げる。このとき、腰を上げるのと同期してリード脚の運動を行なう。スタートからターゲット姿勢までを正確に反復して、ダイナミックな動作を実施する

9 ハンド・セット（ヒップアップ＆ダウン）

1 スタート姿勢。殿部を浮かせ、両手・両かかとの４点支持となる。このときをヒップダウンと呼ぶ。視線は正面を見る。手は肩の真下の位置につくとよい。2 ターゲット姿勢。スタート姿勢から大殿筋を寄せて腰を上げる。このときをヒップアップと呼ぶ。頭部を後屈（ヘッドアップ）させると腰が上がりやすくなる。つま先は上げたままで、ヒップアップのときに降ろさないように注意。ヒップアップ＆ダウンを正確に反復する

10 ハンド・セット（ニーストレッチ）

1 スタート姿勢。片方の膝を伸展させ、両手と片方のかかとの３点支持となる。このときはヒップダウンの状態である。視線は正面を見る。支持された３点のスタビリティーを図る。2 ターゲット姿勢。スタート姿勢からヒップアップの状態をつくる。頭部を後屈させると、腰が上がりやすくなる。ヒップアップ＆ダウンを正確に反復する

11 ハンド・セット（レッグハイ）

さらに高く脚を挙上するハンド・セット。1のスタート姿勢は、ハンド・セット（ニーストレッチ）と同じ。2 腰を上げるのと同期してリード脚を高く上げる。頭部を後屈させると、腰やリード脚が上がりやすくなる

12 ハンド・セット（ニーベント）

1 スタート姿勢。片方の膝を屈曲させ、両手と片方のかかとの３点支持となる。このときはヒップダウンの状態である。視線は正面を見る。支持された３点のスタビリティーを図る。2 ターゲット姿勢。スタート姿勢からヒップアップの状態をつくる。頭部を後屈させると、腰が上がりやすくなる。屈曲させた側の膝が、90 度くらいになるように意識する。ヒップアップとヒップダウンを正確に反復する

13 デクライン・ブリッジ

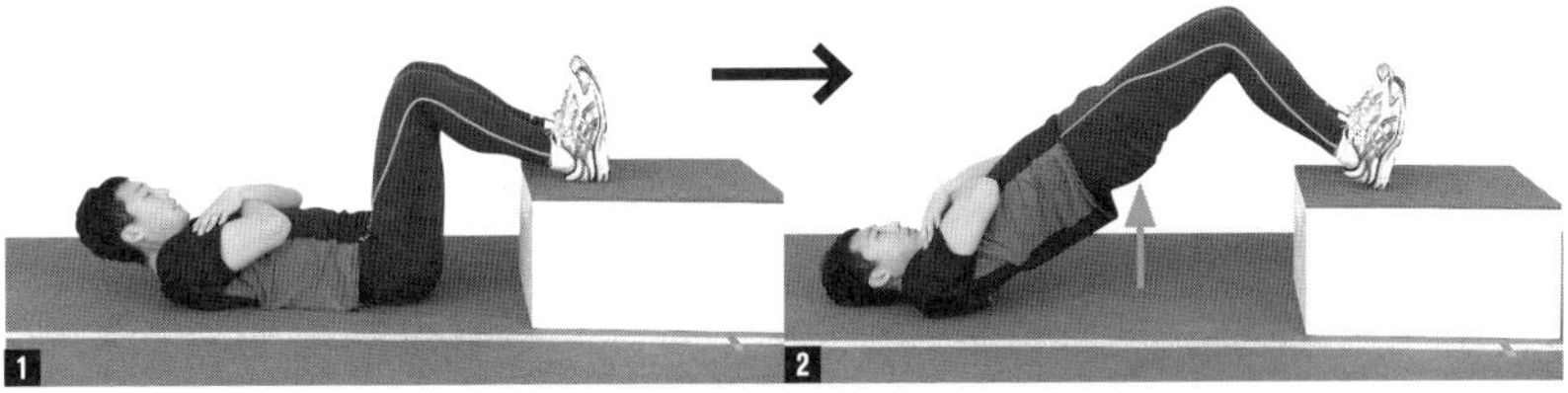

1 スタート姿勢。台やベンチなどに両かかとを乗せ、膝と股関節を90度近い角度に曲げる。角度が小さいと負荷が異なるので、試してみるとよい。フラットなショルダー・ブリッジに対して、脚の位置が高いのでデクライン・ブリッジと呼ぶ。2 ターゲット姿勢。

スタート姿勢から大殿筋を寄せて腰を上げる。両腕を胸の前で組んでいるので、上背部が丸みを帯び、不安定な要素をつくるのが狙いである。接地点は、上背部と両かかとの3点支持となる

14 デクライン・ブリッジ（レッグハイ）

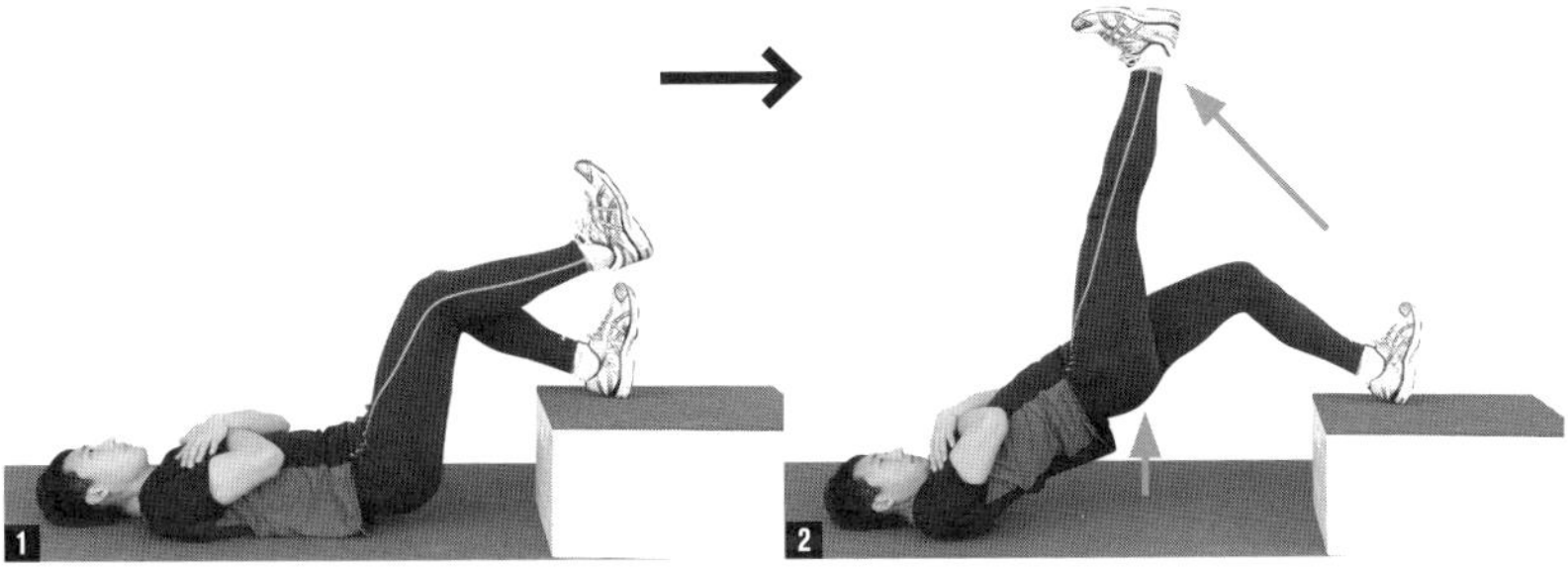

より高く脚を挙上するデクライン・ブリッジ。1 スタート姿勢の時点で、最初から片方の脚を台から離しておき、リード脚を高く上げる準備をする。頭を起こして正しい姿勢を確認する。いきなり行なわずに、ルーティンを確認してからはじめる。2 ターゲット姿勢。

ショルダー・ブリッジからリード脚を高く上げる。このとき、腰を上げるのと同期してリード脚の運動を行なう。スタートからターゲット姿勢までを正確に反復して、ダイナミックな動作を実施する

15 デクライン・ブリッジ（レッグスウィング）

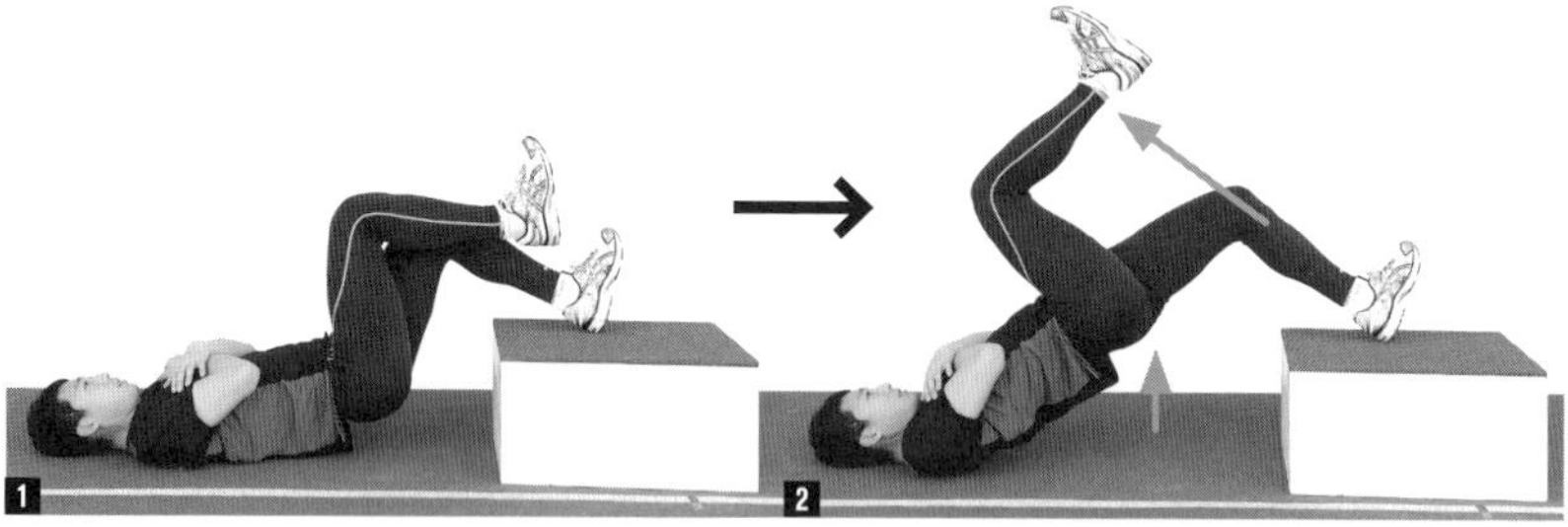

1 デクライン・ブリッジ（レッグハイ）と同じスタート動作から、2 リード脚を上げる。膝は屈曲したままで、屈曲させた側の膝が90度くらいになるように意識する。ヒップアップとヒップダウンを正確に反復する

16 ドライブ・モーション

地面・前面・側面の３方向の壁を利用できる場所で行なう。1 2 片手は側面壁でブロックし、前面の壁につけたリード脚（前脚）に重心を移動。運動によるスタビリティーを補強する。サポート・レッグ（支持脚）の位置を変えると、ドライブ・モーションの大小が変化する。3 4 のようにリード脚をより高いところにセットすると、負荷が強まる

17 ストライド・ステップ

1 脚を前後に肩幅の2倍くらいまで開き、前方の膝を約90度に曲げる。胸を張り、視線は正面を向く。2 垂直に跳び上がり、同時に前後の脚を入れ替える。3 脚を入れ替えて着地する。姿勢は、1 と脚を逆にした状態。これを連続して行なう

メディシンボールとは?

大きさは重さによって異なりますが、バスケットボールくらいの大きさが標準的です。通常、皮やゴムの中に綿や砂等が詰め込まれ重くしてあります。もともと、リハビリ患者の筋力の向上を目的としたトレーニングで用いられるので、メディシンボール（Medicine Ball）という名前がつきました。2～5kgまでさまざまな重さの製品がありますが、2～3kgが一般的で、筋力やトレーニングの目的に応じて用意するとよいでしょう。

18 フロント&バック・スウィング

メディシンボールをもって前後屈運動をする。1 ボールが下にある状態（アンダーハンド）のときは、腰部の保護のため膝をやや曲げ、股関節を曲げて尻を突き出す。2 膝を伸展しながらボールを上げ、後方へ過伸展（後屈して腹部を伸ばす）する

19 ライト&レフト・スウィング

1 2 メディシンボールを正面に構え、左右に力強くスウィングする。このとき、顔（視線）を正面から動かさないこと。支持足の位置は変えないで、膝から上を回旋させるとよい

20 ライト&レフト・コンパクトスウィング

1 2 肘を曲げたまま一連の動作を行なうライト&レフト・スウィング。基本的な注意点は、上と同じ

21 スパイラル・スウィング

メディシンボールを斜め下方から対角の斜め上方に引き上げる運動。**1** 膝を曲げ少し重心を落としてスタートポジションをとり、**2** 膝の伸展を利用してボールを対角線上に引き上げる。左右両サイドとも苦手な方向がなく、同じ感覚で運動ができるとよい

22 V字スウィング

メディシンボールをV字状に動かす運動。**1** 手脚を伸ばし、斜め上にボールを上げた状態がスタート姿勢。**2** 膝を曲げ、少し重心を落としてボールを股下まで移動させる。**3** 手脚を伸ばし、スタートポジションと逆の位置までボールを上げる。逆の動作も行ない、これを繰り返す

23 バック＆フォワード・スウィング

1 直立姿勢でメディシンボールを頭の後ろでもち、2 上方にバックプレス（肘を伸ばす）する。このとき、上で止めずにそのまま前方（胸の前）までスウィングして止める。腰部や腹部を屈曲・伸展させないで腕だけの運動とする。囲みは、それぞれの動作の別角度

24 アンダーハンド・エイト

1 2 3 4 両脚を大きく開き、メディシンボールをもって股の下で８の字を描くように回す。両膝や股関節のやわらかな動作を意識しながら、ボールを落とさないような手さばきをする。逆回しも行ない、苦手な方向がないようにする

25 クロス・スウィング

1 手脚を伸ばし、斜め上にボールを上げた状態がスタート姿勢。**2** 対角方向にボールを引き下げつつ、対角膝を逆方向に引き上げる。逆側も行ない、苦手な方向がないようにする

26 ジャンプ

1 メディシンボールを両脚の内くるぶしのあたりで挟み込む。**2** 挟んだまま、垂直ジャンプをする。これを連続して行なう

27 ステップ

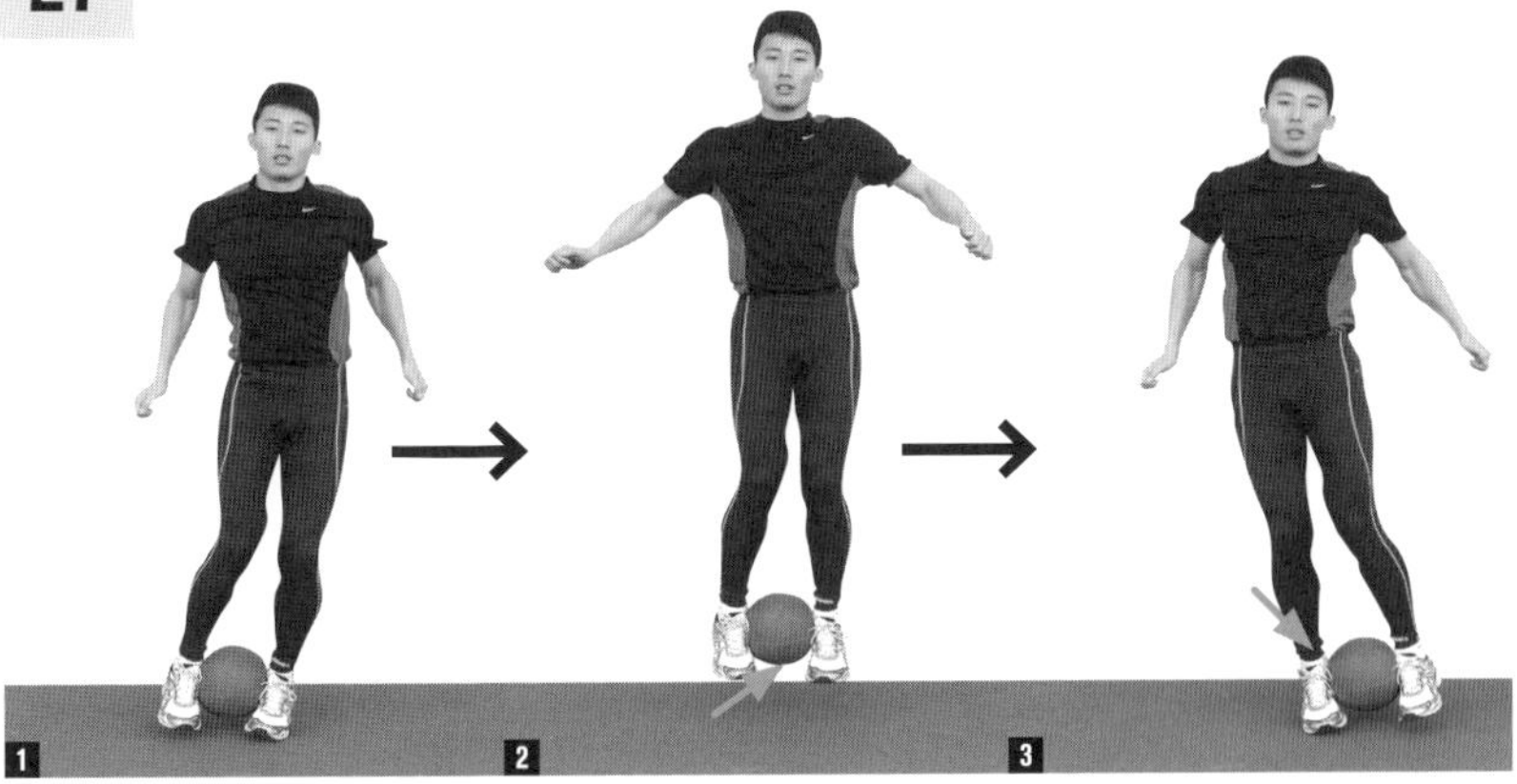

1 メディシンボールを両脚の内くるぶしのあたりで挟み込む。このとき、跳ぶ方向の脚に重心を移す。2 斜め横へジャンプする。3 着地したら、元の方向へ再びジャンプ。これを繰り返す

28 ジャンプ＆キャッチ

1 メディシンボールを両脚の内くるぶしのあたりで挟み込む。2 垂直ジャンプをしながらボールを離して浮かせる。3 4 ボールをキャッチする。これを連続して行なう

29 ハーフターン・キャッチ

1 メディシンボールを両脚の内くるぶしのあたりで挟み込む。**2** 膝を後方に折りながら垂直ジャンプをする。同時にボールを離して浮かせる。**3** **4** 半回転してボールをキャッチする。これを連続して行なう

30 レッグ・スロー・キャッチ

1 メディシンボールを両脚の内くるぶしのあたりで挟み込む。**2** 膝を後方に折りながら前方へジャンプをする。同時にボールを離して、前方へ弧を描くように浮かせる。**3** **4** 落下地点まで移動してキャッチする

31 ハンド・スロー・キャッチ

1 メディシンボールをおんぶするようにして、背中で抱える。2 前方へ弧を描くように、ボールを投げる。3 4 落下地点まで移動してキャッチする

32 サイド・ベント

1 2 3 頭上に上げたメディシンボールを、上体を左右に曲げることで移動させる。これを連続して行なう。腕や頭部を固定したまま行なうこと

33 フロント・ベント

1 2 3 頭上に上げたメディシンボールを、上体を前後に曲げることで移動させる。これを連続して行なう。腕や頭部を固定したまま行なうこと

34 ローテーション

1 2 3 4 メディシンボールを腕を伸ばしてもち、上体の回旋によって移動させる。左右両回転ともに行ない、苦手な方向がないようにすること

35 ダブル・プッシュ

1 メディシンボールに両手を乗せ、両足を肩幅に開いて４点支持の姿勢になる。両肘は完全に伸展させ、腕立て伏せのスタートポジションをとる。このとき肩の真下でボールをとらえ、手全体でしっかりとボールを押さえる。2 体幹の姿勢を崩さずに腕を屈曲させ、胸をボール上の手より下に深く落とす。このとき、両方の肩甲骨が背部で内側に合わさるように意識する。ボール上に支持している手は、不安定にならないようしっかり芯を押し、スタビリティーを高める

36 シングル・プッシュ

1 メディシンボールに片手を乗せ、両足を肩幅に開いて４点支持の姿勢になる。両肘は完全に伸展させ腕立て伏せのスタートポジションをとる。肩の安定した位置でボールをとらえ、手全体でしっかりとボールを押さえる。2 体幹の姿勢を崩さずに腕を屈曲させ、胸をボール上の手より下に深く落とす。このとき段違いになるが、両方の肩甲骨が背部で内側に合わさるように意識する。左右それぞれ回数を決めて行なう

37 サイドステップ

■1 シングル・プッシュ（36）のダウンと同様に、段違い腕立ての姿勢から腕を深く曲げる。■2 素早く地面をプッシュして腕を伸展させ、腕によるジャンプアップ（サイドステップ「ジャンプアップ」）をする。このとき、反り腰（背中を反った状態）ではタイミングをとらない。■3 ボールの中心で支持手を入れ替える。このとき身体全体を横にスライドさせ、サイドステップの要領で逆サイドにダウン（屈曲）し、これを繰り返す。素早く行なうことでプライオメトリクス効果が生まれ、瞬発力を養成できる

38 オン・ザ・ボール

■1 胸の正面真下にメディシンボールを置き、腕立て姿勢で構える。腕立て姿勢は、腕はややワイドにつき、足は肩幅程度に開いて、腹筋を緊張させた状態が望ましい。胸にボールがつくところまで腕を曲げる。このとき反り腰（背中が反った状態）にならないよう、また逆に出尻（尻が残った状態）にならない状態が望ましい。急激に落とすと、ボールで胸が圧迫されるので注意する。■2 ■3 屈曲状態から腕を伸展させてジャンプアップし、両手をボールの上に置く。腕立て姿勢→腕の屈曲→腕の伸展を一連の動作で素早く行なうが、ジャンプダウン（腕の伸展→腕の屈曲）も連続して行なうと、プライオメトリクス効果が得られる。ボール上は不安定なので手首をしっかり固定する。

39 プローン・ブリッジ（ベーシック）

1 両膝をついて前傾姿勢でメディシンボールを両手で押さえつける。手のひら全体でボールをゆっくり前方へ転がしながら上体を倒していく。膝をついた状態からはじめるので、初心者向け（ベーシック）といえる。2 反り腰や出尻にならないよう、膝から上体を一体化させて前方へ傾斜させる。このとき、腹筋に意識をもつとよい。この状態が限界の場合は、ここから徐々に戻していく。3 地面と上体がほぼ平行になるまで倒せる人は、その状態で５秒程度をめどに（あるいは一定時間以上）静止し、ボールを戻す動作にかかる。つぶれるところまで行なうことが目的ではなく、戻せることを前提とする。身体前面の筋肉群が複合的に強化できる

40 プローン・ブリッジ（アドバンス）

1 膝を曲げた中腰の姿勢から行なう方法は、上級者向け（アドバンス）といえる。膝つきのベーシック・エクササイズと同様に、ボールを前方にゆっくりと転がして上体を乗せていく。2 ボール上での腕立て姿勢からさらに前方へ転がしていく。このとき、腹筋に意識をもつとよい。この状態が限界の人はここから徐々に戻していく。戻すときは背中を反らさず、尻を先行させると腰が保護される。3 地面と上体がほぼ平行になるまで倒せる人は、その状態で５秒程度をめどに（あるいは一定時間以上）静止し、ボールを戻す動作にかかる。つぶれるところまで行なうことが目的ではなく、戻せることを前提とする。身体前面の筋肉群が複合的に強化できる

41 フォークリフト

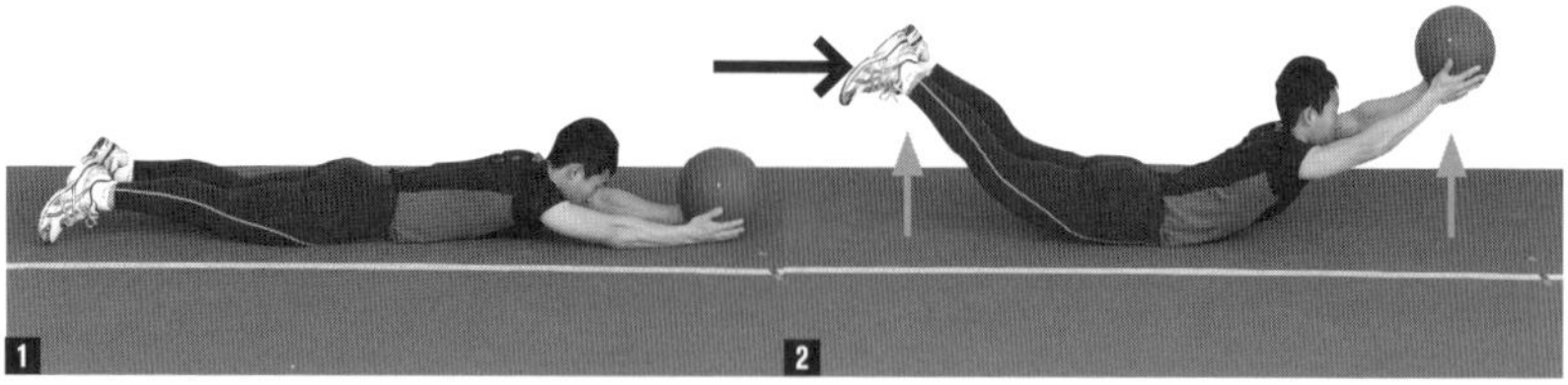

1 伏臥位（うつ伏せ）で上肢（腕）を伸ばした姿勢を基本とする。肘や手首は伸ばし、メディシンボールを手が届く位置にセットする。パートナー（補助者）がいればボールの位置が適切になるので効果的。2 肘や手首を曲げないでメディシンボールをフォークリフトのように上にもち上げる。このとき、上背部（肩甲帯）や背筋群、殿筋群、ハムストリングス等を同時に収縮させる。パートナーがいると連続的にリズミカルに実施できる

42 メディシン・ツイスト

1 膝を軽く曲げて座り、体側でメディシンボールをもつ。2 上体を回旋して、反対側の体側へボールをもっていく。これを繰り返す

43 メディシン・コンパクト・ツイスト

肘を大きく曲げ、より身体に近い位置にメディシンボールをもっていくメディシン・ツイスト。1 2 の動作は、通常のものと同じ

44 メディシン・シットアップ

1 メディシンボールをもちながら行なうシットアップ。1 腕を伸ばしてメディシンボールを頭上に上げ、大の字になる。2 腹筋を使って上体を起こし、同時にボールを前方へもっていく。3 地面すれすれまでボールをもっていく。ここから元の姿勢に戻るまでを繰り返す

45 ニーベント・シットアップ・ストレート

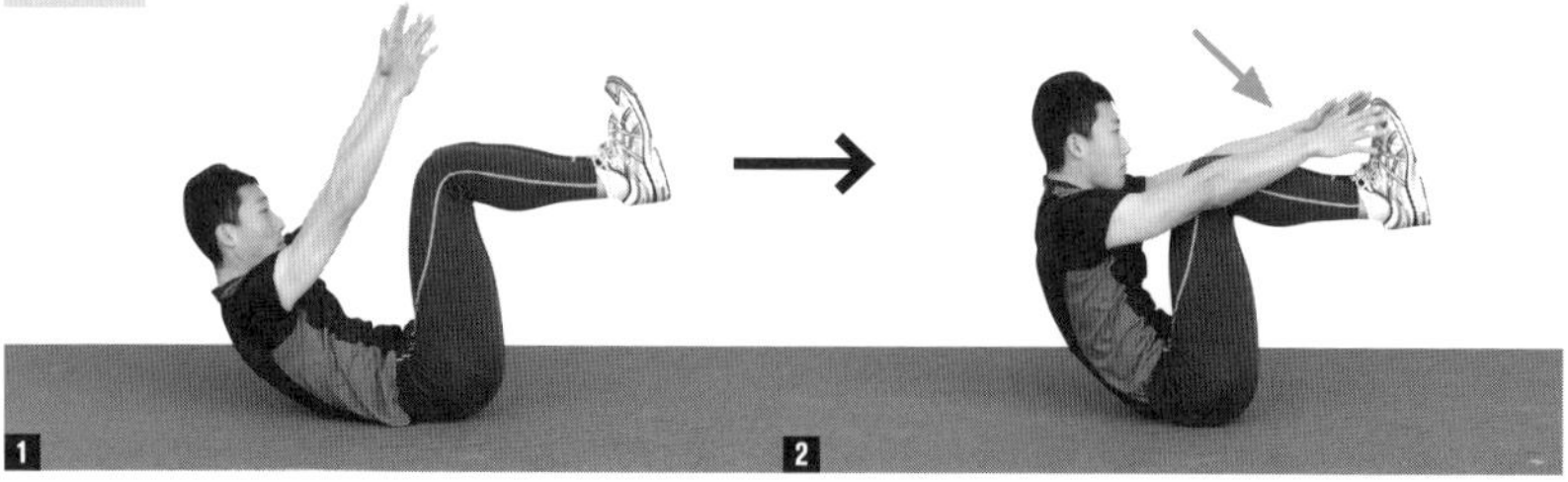

足関節、膝関節、股関節をそれぞれ90度に固定する（条件固定）。両腕を後方45度に上げ、頭部も同様に起こす。このとき、下肢の固定をする腸腰筋等の筋群と、腹筋、肩甲帯とが同時に作用するので、複合的な強化となる。**1** 基本姿勢をチェックしてから、上体を起こしながら両腕を身体の前に移す。**2** 目安は両腕を地面と平行レベルに伸ばす位置、すなわち両かかとを目指す。このとき、下肢はできるだけ条件固定を崩さなければ、骨盤を安定させるのに効果的である。下肢を意識しないと、上体を少し起こす（動かす）と下肢の固定条件が崩れてしまう。筋力の低い子供や女性にこの傾向は強く、アスリートでも神経筋協調のバランス（コーディネーション）が悪いと姿勢を崩してしまう

46 ニーベント・シットアップ・ツイスト（小）

1 **2** で示すようにボールを保持したイメージ（実際にボールをもってもよい）でツイスト運動を行なう。上体のねじれによって若干下肢が反対方向に動くが、条件固定がほぼできていれば問題ない。**3** 両腕を開き、大きなツイスト運動を行なう方法もある

47 ダブル・トゥタッチ

1 両腕、両脚を垂直方向に上げて、基本姿勢とする。2 下肢は写真で示すように条件固定し、これを崩さないようにしながら両手でつま先を目指す運動を行なう。正確な動作ができるようになったら、リズミカルでよりスピーディーに行なうとよい

48 シングル・トゥタッチ

1 2 3 片手で対角側のつま先を目指す上体起こし運動。左右交互に行なうが、基本的には正確な動作ができるようになってから徐々に動作スピードを上げる。ねじれの力が作用するため、条件固定が崩れやすいので注意すること

49 レッグ・ストレート・ダウン&レイズ

1 上体は両腕の前腕部で支持しながら、顎を引いて頭部を起こす。両脚を垂直方向に上げて、基本姿勢とする。2 そのままゆっくりと地面近くまでストレートに下げ、再び上げて元に戻す。腰への負担をチェックしながら慎重に行なう

50 レッグ・ワイプ・ダウン&レイズ

1 2 3 両脚を垂直方向に上げた基本姿勢から、ワイパーのような左右に振る動作を行なう。脚の動作による運動のエネルギーが強いので上体も引っ張られがちであるが、しっかりとスタビライズ（安定化）させることを目的とする

51 シザーズ（最大動作）

1 上体は両腕の前腕部で支持しながら、顎を引いて頭部を起こす。2 3 下肢を上げ両膝を伸展させて、前後に軽い開脚運動をする。運動に慣れながら徐々にその幅を大きくする。腰への負担をチェックしながら慎重に行なう。この基本動作から徐々に大きな動作へと発展させるが、目安として前後股関節の開脚角度は90度程度、やわらかい人はそれ以上開いてもよい。地面側の脚は、十分に伸展させるために足首を背屈（つま先を顔側に向ける）させる

52 シザーズ（ステップ）

上体を台上に乗せて行なうシザーズ。1 2 3 の基本動作は通常と同じ。台上に乗ることで股関節の可動域が広がり、負荷を強めることができる

53 シザーズ（ステップ&リバース）

うつ伏せになって行なうシザーズ(ステップ)
1両腕で台を抱えて上体を支持しながら、頭部を起こす。2 3 下肢を上げ両膝を伸展させて、前後に軽い開脚運動をする。運動に慣れながら徐々にその幅を大きくする。腰への負担をチェックしながら慎重に行なう

54 ニーベント

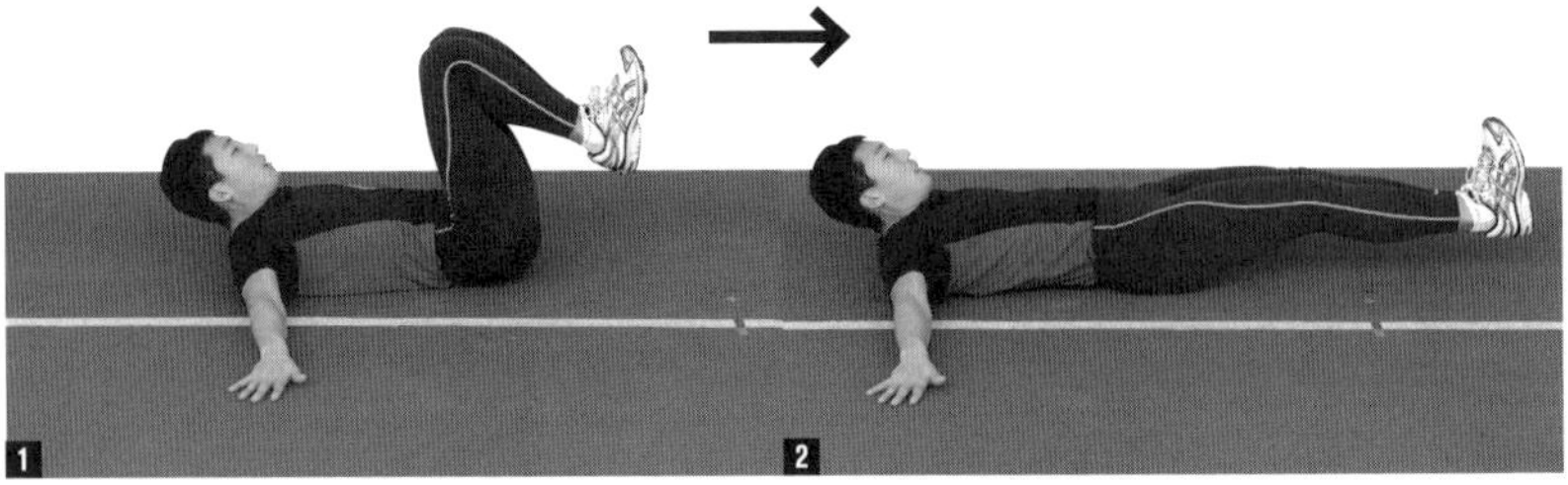

1 足関節、膝関節、股関節をそれぞれ90度に固定する（条件固定）。頭部を起こし、それを支えるために両腕を左右に広げ、安定化を図る。下肢に条件固定をする意識がいかないと、足関節等が緩み、ただ脚を上げているだけのポーズになってしまう。2 両脚を揃えたまま、膝を伸ばす。地面に脚をつけないように注意すること

55 ニーベント・ストレート

1 ニーベント(54)の基本姿勢から、2 交互に左右の脚をストレートダウンさせる。足関節が屈曲しているので、足裏全体を向こうに押すような脚の伸展動作を目指す。足関節の屈曲は、大腿四頭筋の伸展力を引き出す効果がある

56 レッグ・ローテーション

1 ニーベント(54)の基本ポジションから、2 動作脚（写真の場合：右脚）を膝の角度を変えないで開いていき、3 地面近くから膝を伸展しながらストレート・ポジションをつくり、元の位置に戻る。逆の脚も同様に行ない、左右の動作チェックを各3～5回程度行なう。フリーレッグ（動作脚）のほうに大きく意識がいくと、条件固定している脚の膝や足首の関節が緩み、ただ上に上げているだけの状態になってしまう。その結果、固定側の軸が動作脚に引っ張られるようにゆがんでしまう

57 シットアップ・シザーズ

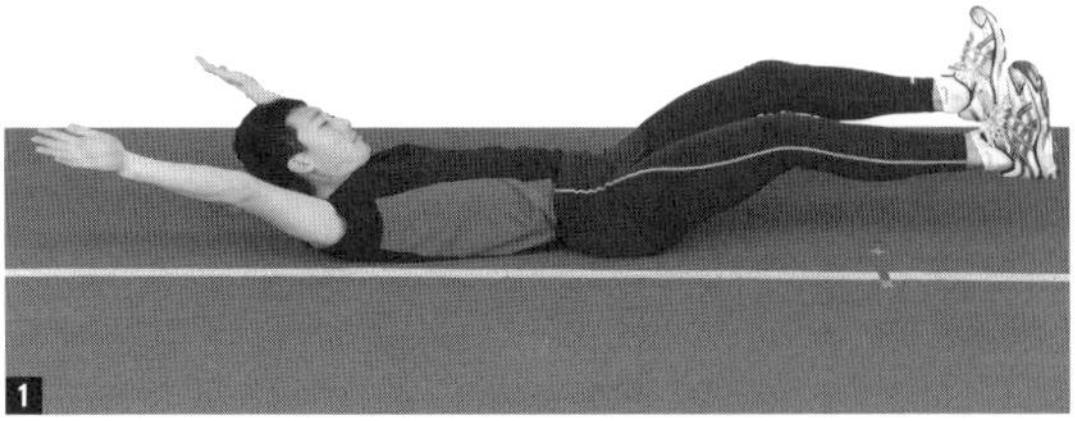

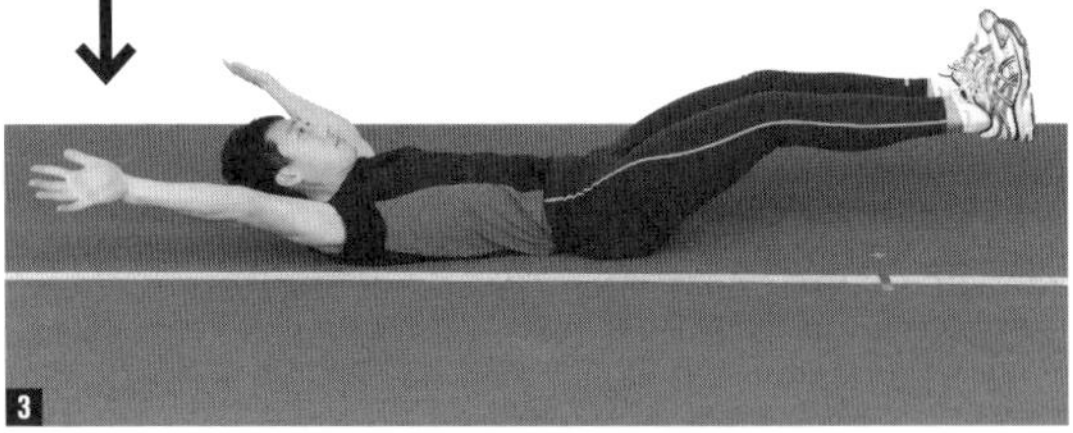

1 シザーズ(基本動作および最大動作)からの発展系エクササイズ。上体を起こし、2 対角の手足をクロスタッチする。ここでは腰を中心とした大きなねじれを生じさせないよう、体幹の幅の範囲内で運動を行なう意識をすること。3 4 は、逆側の動作

58 ニーベント３点支持

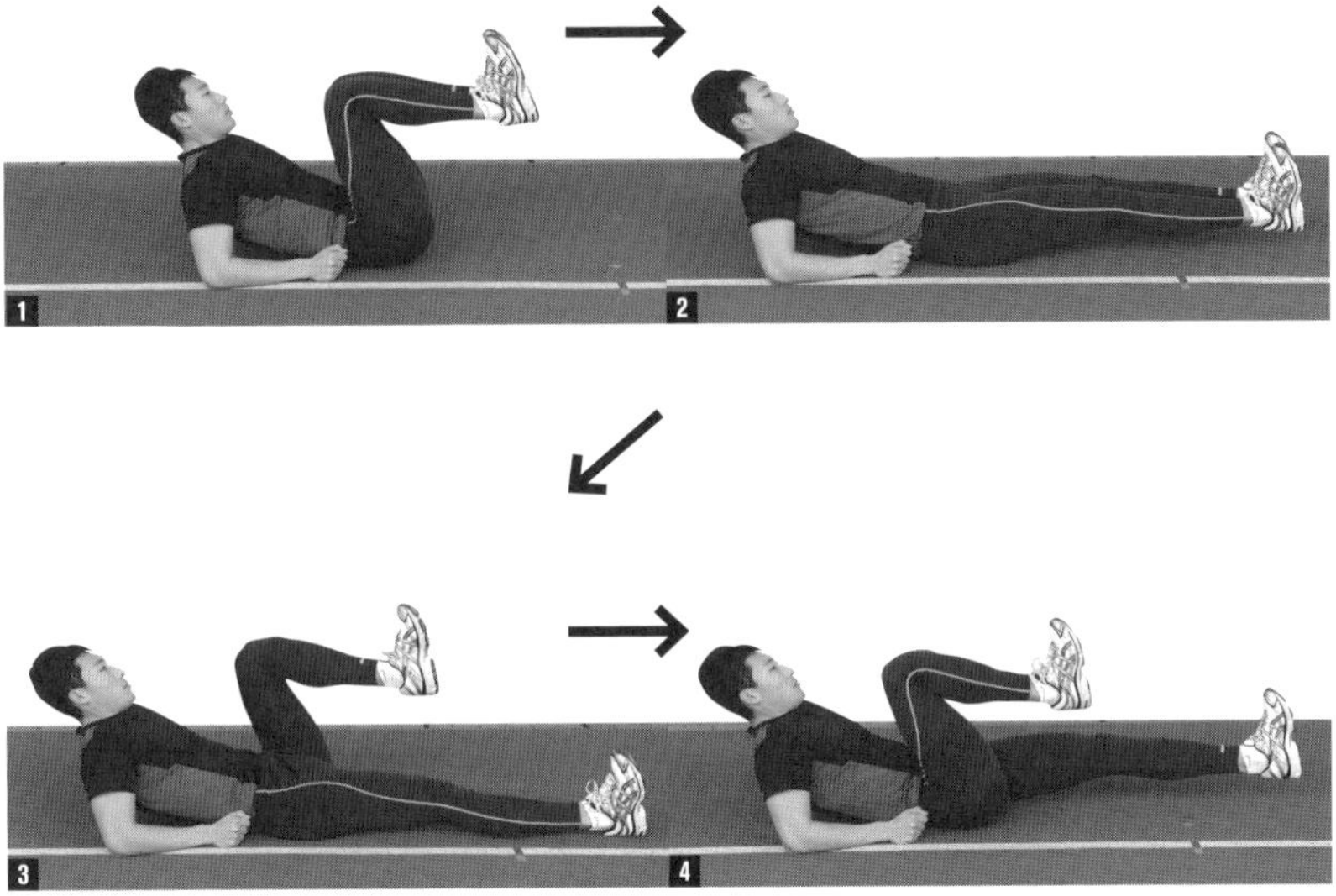

1 ニーベントの基本ポジションで、さらに上体を起こし両肘で支持する。このとき、身体を支えているのは、両肘と大殿筋上部の３点支持となる。この姿勢は、腹筋、腸腰筋、背筋、上腕三頭筋、肩甲帯等に複合的な刺激がかかる。1 の別角度は、後方から見たニーベント３点支持の基本ポジション。ベンチプレスのスタートポジションのように、両肘を開くことにより両肩甲骨が内転する。このブリッジ構造で上体を上げて固定する。2 ニーベント３点支持から両膝を顔の前まで引きつけ、その後ストレートダウン（脚の伸展）する。３点のスタビリティーを感受しながら、脚の屈曲と伸展を繰り返す。3 4 応用として、この３点支持でシザーズやローテーションを実施してもよい

59 脚側方転回

ハードル（レベルに応じた高さ）と手で支持する側のバー（みぞおちの高さ）の中間に立ち、脚を伸展位で側方から前方へ加速的に転回（前回し）させるエクササイズ。1 支持脚のスタビリティーを確認し、上体はやや前傾しながら脚を後方へ上げる。2 つま先を上げ、脚関節を屈曲させると、脚は伸展しやすくなる。後方から側面へと脚を伸展したままで転回してくるが、ここから3 までが最大スピードになる。手で支持している側のバーには頼らず、支持脚に乗る。3 脚が前方までくると可動域が広がるため、スピードも加わって胸の高さまで上がる。前方まできたら脚をストレートに素早く振り下ろす。バー側の脇や腰が折れないように支持脚のスタビリティーを確保する。4 最後まで膝関節を曲げず、全体を通して体幹は前後に揺れない。股関節と連動した寛関節の動きを認識する。初心者はゆっくり動作づくりからはじめる。急激にスピードを加えると危険である。逆モーション（後方転回）も行なう。5 は悪い例。股関節を開こうとする（脚を高く上げようとする）と、膝が曲がり腰も後方へ引けてしまう。その結果、重心が後方に残ったまま脚は前方へ転回されてしまう。顎を引きすぎると、腰が引けてかかと荷重になってしまう

60 脚後方転回

ハードルと手で支持する側のバーの中間に立ち、脚を伸展位で前方から後方へ素早く転回（後ろ回し）させるエクササイズ。❶ 片手を高い位置でキープして上体を固定する。❷ 脚の伸展と足首の背屈（つま先が上がる状態）で脚を一体化（股関節を中心とした単振子）させ、大きな円を描くようなイメージで素早く転回させる。脚の運動により上体がブレないようにしっかりとスタビライズ（固定）する。❸ 高い位置でキープした手を、高く上げた脚で叩くようなイメージ。最大可動域（ここでは頂点）でも体幹は固定され、支持脚のスタビリティーは確保される。顎を少し引き、視線は前方にすることで腰の開きを抑えることができる。❹ 前方から後方へ転回した場合、重心が後方へ移りがちであるが、支持脚のスタビリティーが十分確保されているので、上体のブレもない。このあと、脚を下げたらすぐに今度は前方転回（逆モーション）へと切り替える

61 前傾・脚前方転回

1 ハードルの横に立ち、上体を前傾させて両腕を伸ばし支持バーにつかまる。胸の前で十分に脚の動作ができる空間を確保する。両手および支持脚のいわゆる３点支持である。**2** スウィング脚を軽い前振りから加速的に後方に転回する。スウィング脚は膝を曲げていないので、つま先で接地面を軽く叩いて通過することになる。上体はブレないようスタビライズ（固定）する。スウィング脚は後方いっぱいまで伸びたら前に転回するために脚は外旋し、つま先が自然に外側を向く。足首の屈曲角度はスタートポジションと変わらず一定を保つ。勢いで上体は若干浮くが、３点支持のバランスを失わない。**3** **4** 大きな円を描くようにスウィング脚を前方に転回させる。最も高い位置でもスウィング脚の動作する力に負けないで支持脚のスタビリティーをしっかり確保する。前方まできたら素早く接地面までまっすぐに脚全体を落とす

62 左右脚交互転回

1 両側（幅 120cm 程度）にハードルを置き、その中間に立ち、両腕は前方の支持バーをつかみ、上体をスタビライズさせる。脚の転回運動は交互に行なうが、つねに支持脚は接地面へのスタビリティーを確保する。2 運動脚は一度後方へ伸展させてから、前方に転回させるために側方にダイナミックな弧を描きながらスウィングする。写真のように最大高に達しても、上体や支持脚がスタビリティーを保つ必要がある。3 転回した脚（写真では左脚）が接地するやいなや、逆の右脚が運動脚となる。上体の支持は変わらないが、支持脚が変わったことで不安定にならないよう、運動がスムーズに変換できるように留意する。4 左脚と同様に、ダイナミックな弧を描いた転回運動を行なう。このときも、最大高に達しても上体や支持脚がブレないよう、十分なスタビリティーを保つ必要がある

63 リード脚の前方伸展

■1 身体の後方で支持バーを持ち、スタンディングポジションで支持脚のスタビリティーを確保する。前に置いたハードルをまたぎ越すために、膝を高く上げながら前方にドライブし、また元に戻るというエクササイズである。
■2 膝の高さを維持しながら、下肢を振り出していき、同時に前方へドライブ（重心移動）する。倒れないように両手および支持脚でしっかりとスタビリティー局面をつくる。足首は屈曲させ、つま先を前方に落とさず、足裏を前に向ける感覚。ハードルに大腿後面が触れるところまで前方にドライブする。両手および支持脚でしっかりとスタビリティー局面をつくっているが、かなりのテンションがかかる。膝は伸びきらない。一定のポジションまでいったら、元に戻す

64 トレイル脚の前方転回

ハードルと平行に前から３分の１の位置に立つ。両腕は前方の支持バーにつかまり、上体をスタビライズさせる。ハードル側の脚を平行まで伸展させ、T字姿勢をつくった後、外旋させる。支持脚もスタビリティーが高い状態で接地面をとらえる。2 トレイル脚（抜き脚）の膝を曲げながら、ハードルの高さに沿って前方に転回していく。足首が緩まないように、つま先でコントロールしながら角度を保つ。上体はスタビリティーを保持したまま、下肢のダイナミックな運動を支える。3 トレイル脚は前方に転回されるまで十分に収束させながら、胸の前まで加速的に運ぶ。足首は緩めず、足底のラインは地面と平行、ハードルと直行するように角度を保つ。ドライブ・ポジションに近づくと、支持脚は自然につま先立ちになる。4 トレイル脚がセッティングされたハードルを完全に抜けたら、膝が胸の前にくるのでそのままタッチダウン（接地）に向かう。この着地一歩めのドライブ・ポジションの形成が重要なポイントとなる。5 は悪い例。トレイル脚が前方に転回し、十分に収束する前につま先が落ちてしまうことが多い。素早く降ろそうというあらわれであるが、逆に着地１歩目のスピードダウンの要因になる

パワー系エクササイズ

パワー系エクササイズの活用法

(1) パワー系エクササイズの特徴

パワー系エクササイズは、ストレングス系ボディコントロールの要素とスピード系ボディコントロールの要素を兼ね備えた、パワフルでダイナミックな筋出力を高める目的で行なうものです。このエクササイズのポイントは、両者を兼ね備えたものであると同時に、いかにスポーツの競技や種目の特性に応じて活用ができるかという点になります。ストレングス系やスピード系が基礎的な運動能力とすれば、パワー系は応用的な運動能力といえるでしょう。すなわち、パフォーマンスに直結するという意識で取りくむべきものなのです。また、こうした要素にバランス要素を加味したものがパワー系のボディコントロールです。

（2）姿勢と動作のチェック

エクササイズの中には、移動を伴わずその場で負荷をかけて実施するものと、水平あるいは垂直方向へ重心移動しながら行なうものがあります。

どのようなエクササイズを行なうときも、まず正確な開始姿勢（スタートポジション）を確認します。例えば、足の位置やスタンス幅はどうか、荷重はつま先寄りか、かかと寄りか、膝は伸ばすのか曲げるのか、どのくらい曲げるのか等です。次に動作のチェックを行ないましょう。正確でタイミングのよい（またはリズミカルな）動作は、力をよりスムーズに伝達します。さらに、目的姿勢（ターゲットポジション）のチェックも欠かせません。これは、どこまで伸び上がるのか、あるいはジャンプするのか、離すポイントは、といった最大動作局面等の確認です。

〝回数をこなせばいい〟〝遠く（高く）跳べばいい〟といった実感的なトレーニングは、決して効果的なトレーニングとはいえません。

（3）プログラム作成の目安

①エクササイズの選択

厳密にいえば、スポーツの競技や種目の特性によって採用するエクササイズは異なります。しかし、本書で紹介しているエクササイズは汎用性がありますので、基本から応用まで、さまざま

＜参考＞実施者の体力レベルに応じたセット数の目安

上級レベル	4〜5セット
中級レベル	3〜4セット
初級レベル	2〜3セット
初心者レベル	1〜2セット

な競技に役立つものです。競技や種目の特性にこだわりすぎて、特定のエクササイズしか採用しないという選択方法は決しておすすめできません。

② リピート数 Repeats

リピート数とは、1つのエクササイズを何回実施するか、すなわち反復回数のことです。例えば、〝スクワットジャンプを10回行なう〟というように、「エクササイズの種類＋リピート数」と示します。左右どちらでもできるエクササイズに関しては、利き手や利き脚に偏ることなく均等に行なって下さい。

③ セット数 Sets

セット数は、〝スクワットジャンプを10回、3セット行なう〟というように「(エクササイズの種類＋リピート数) ×セット数」と示します。左右別々に行なうエクササイズの場合、ここでは〝左右10回ずつ交互に行ない、それを3セット実施する〟といった方法をおすすめします。これは筋と神経の協調を図るためです。上の表は、実施者の体力的なレベルに応じたセット数の目安です。自分がどの体力レベルに位置するか、セット数をこなすだけの十

<参考>1週間におけるテーマ別エクササイズのセッション数の目安

ストレングス系　3回/週	バランス系　6回/週
スピード系　2回/週	
パワー系　1回/週	
休養日	

分なトレーニング時間があるかなど不特定な要素もありますので、エクササイズの種類やリピート数とも関連づけて無理のないプログラムを作成して下さい。

④セッション数 Sessions

セッション数とは、1週間のうち休養日を除く6日間の中で、このパワー系のエクササイズを何回行なうかを設定することです。例えば週3回に設定した場合、月―水―金と隔日で行なうのか、月―火―水と連日で行なうのか、あるいは月―水―木等、変則的に設定するのかは、他のトレーニング要素との兼ね合いを考慮する必要があります。パワー系エクササイズの場合、ストレングス系やスピード系のトレーニングとの関係を明確にし、効率的かつ効果的に活用すべきです。ここでは〝パワー系を強化したいので週3回実施する〟という設定をその一例として紹介します。

同様に、ストレングス系やスピード系の割合を変化させると異なったパターンができるでしょう。

1 ステップアップ

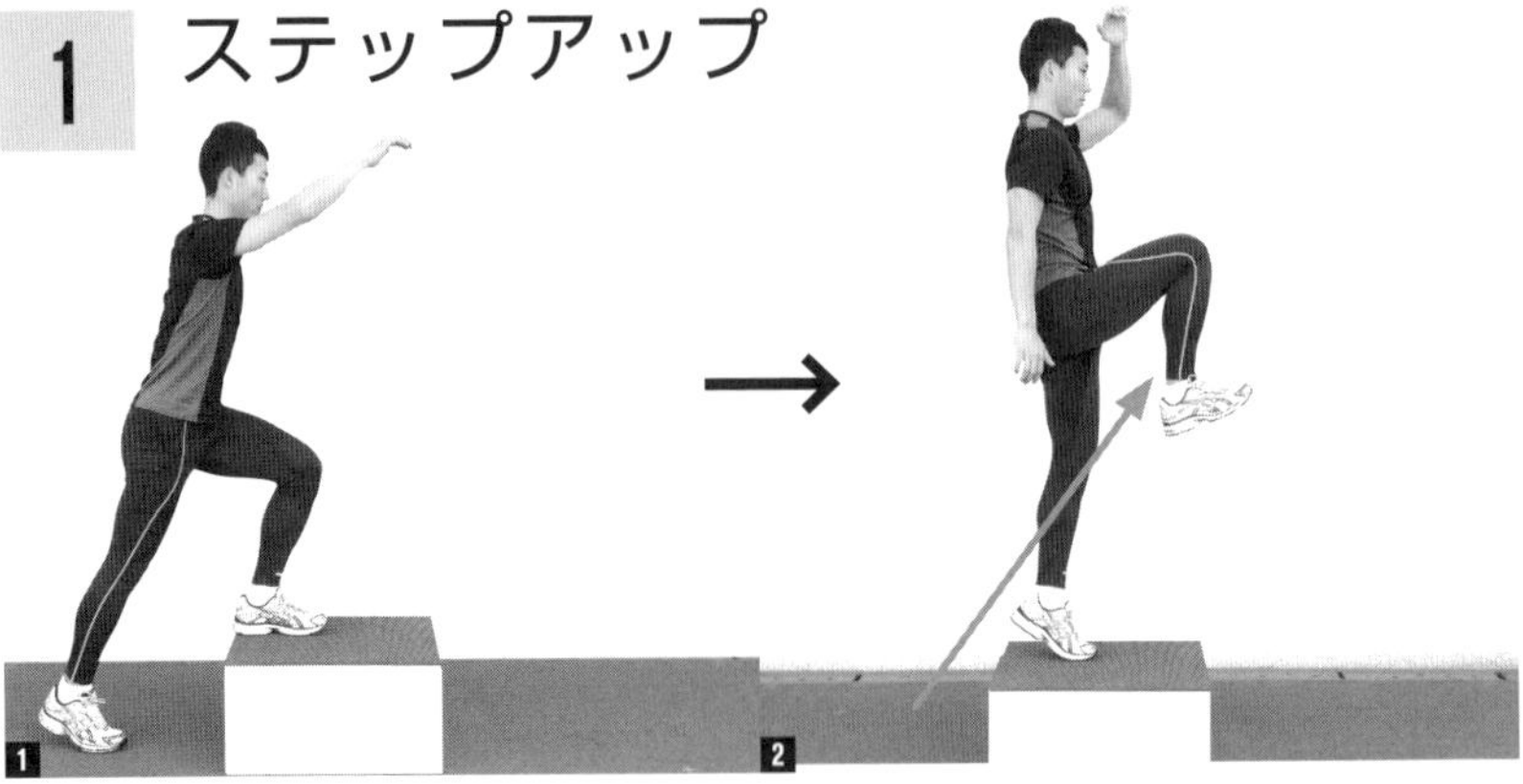

■1 片足（前脚）を台や椅子に乗せて構える。上体はアップライト（直立姿勢）を保ち、前脚の立ち上がり動作で一気に台上に上がる。負荷として台を使った支持脚の変換動作である。■2 台上や椅子上の脚を支持脚として、後方からの脚を引きつけて前方にスウィングする。このとき、上体はアップライトを保ち、支持脚に乗りスタビリティー（安定化）を図る。スタート姿勢からターゲットまでの一連の動作を反復する

2 シングルレッグ・スクワット

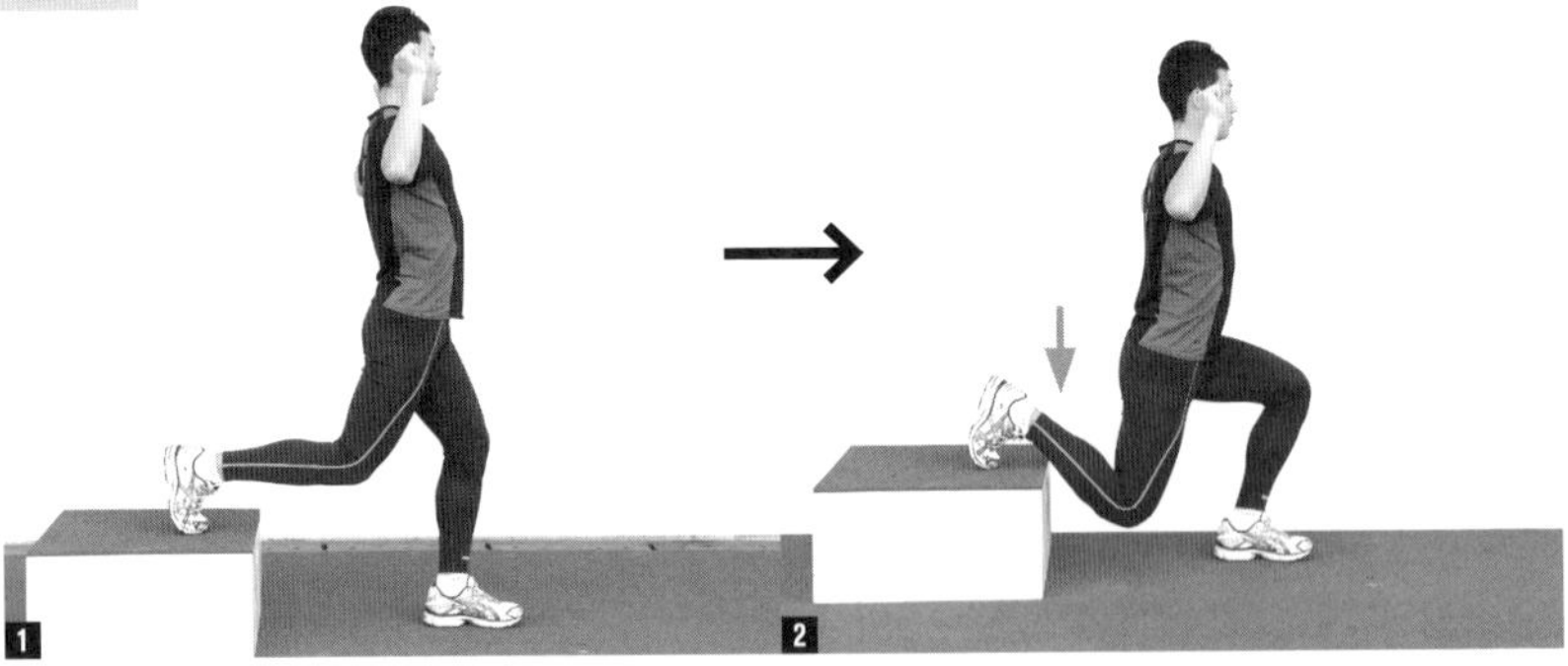

■1 スタート姿勢。後方の脚を台や椅子にかけ、支持脚に対してアップライトに構え、支持脚のスタビリティーを意識する。両脚はバーベルのシャフトを担ぐイメージで、胸を開き肩甲骨を締める。■2 上体のアップライトを崩さずに、スクワットを開始する。支持脚の屈曲、および伸展は一定のリズムで行ない、一連の動作を反復する。運動軸のスタビリティーを図る

3 支持脚（後脚）のホッピング

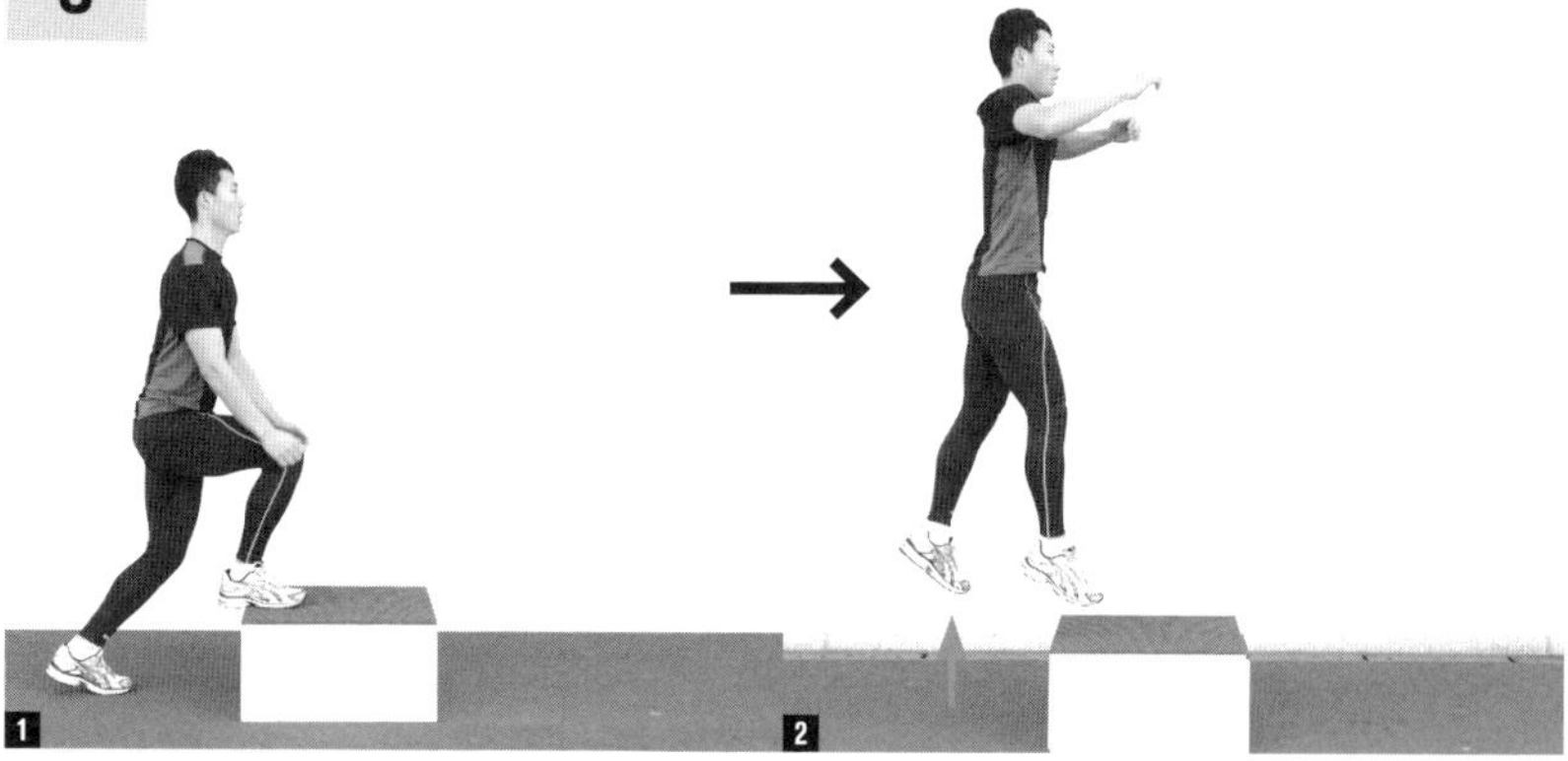

1 2 前方の脚を台や椅子に置き、支持脚（後脚）に乗った上体のアップライトを崩さず、連続の片脚ホッピングを行なう。支持脚のスタビリティーを十分に意識する。台や椅子に置いた前方の脚に体重を移さず、あくまでも支持脚による連続ホッピングを行なう。腕はクイックモーション（小振りに素早く）で連続ホッピングに対応させる

4 支持脚（前脚）のホッピング

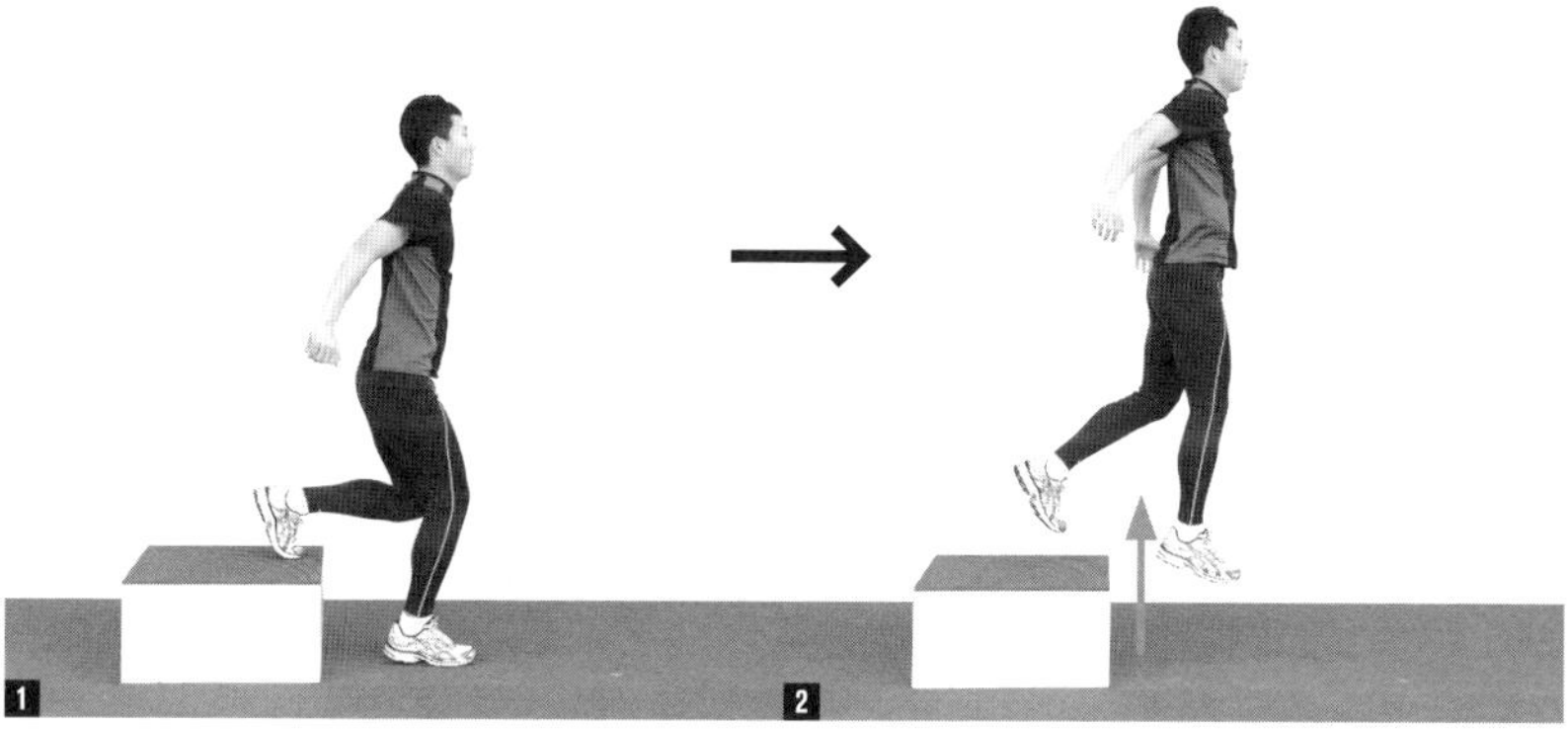

支持脚を前脚にしたホッピング。1 2 の動作は、支持脚を変える以外は後脚のホッピングと同じになる

5 両脚ジャンプ

1 立った状態から、2 両脚で思いっきりジャンプ。3 膝のバネを生かして台の上に着地したら、4 再び跳び上がり、元の位置まで戻る

6 スプリットジャンプ

1 前方の脚を台や椅子に置き、支持脚（後脚）に乗った上体のアップライトを崩さず、2 真上に跳び上がる。3 空中で脚を入れ替えて、4 逆脚で着地する

7 オープンクロス

1 横幅の狭い台、もしくは写真のように台の角に立つのがスタートポジション。足幅は、肩幅より広くとる。2 ジャンプしながら、脚を狭める。3 両脚を揃えて台上に着地する。4 再び跳び上がり、脚を開いて元の位置に戻る

8 サイドステップ

1 台の横に立ち、片脚を台上に乗せる。2 台側に向かって跳び上がり、3 反対の脚で着地する。上体の位置は安定させ、下半身の動作でサイドステップを繰り返すように

9 オーバーヘッド・トップスロー

1 膝を曲げ、ボールを股の下にセットしてから、2 3 前方へ引き上げながら頭上に投げる。膝の立ち上がりと股関節（腰部）の伸展、腕のスウィングを連動させる。全身が伸びるようなイメージで真上（トップ）に投げ上げる

10 オーバーヘッド・バックスロー

1 膝を曲げ、ボールを股の下にセットしてから、2 3 前方へ引き上げながら頭上を越して後方へ投げる。膝の立ち上がりと股関節（腰部）の伸展、腕のスウィングを連動させる。頭上で肘を曲げ、引っ掛けるような投げ方をしてはならない。4 ボールを離すと同時に、後方へダッシュするとよい

11 アンダーハンド・フォアスロー

1 膝を曲げ、ボールを股の下にセットしてから、2 3 前方へ引き上げながらそのまま前方へ投げる。膝の立ち上がりと股関節（腰部）の伸展、腕のスウィングを連動させる。ボールを投げた瞬間、全身がまっすぐになるイメージで。4 ボールを離すと同時に前方へダッシュするとよい

12 オーバーヘッド・フォアスロー

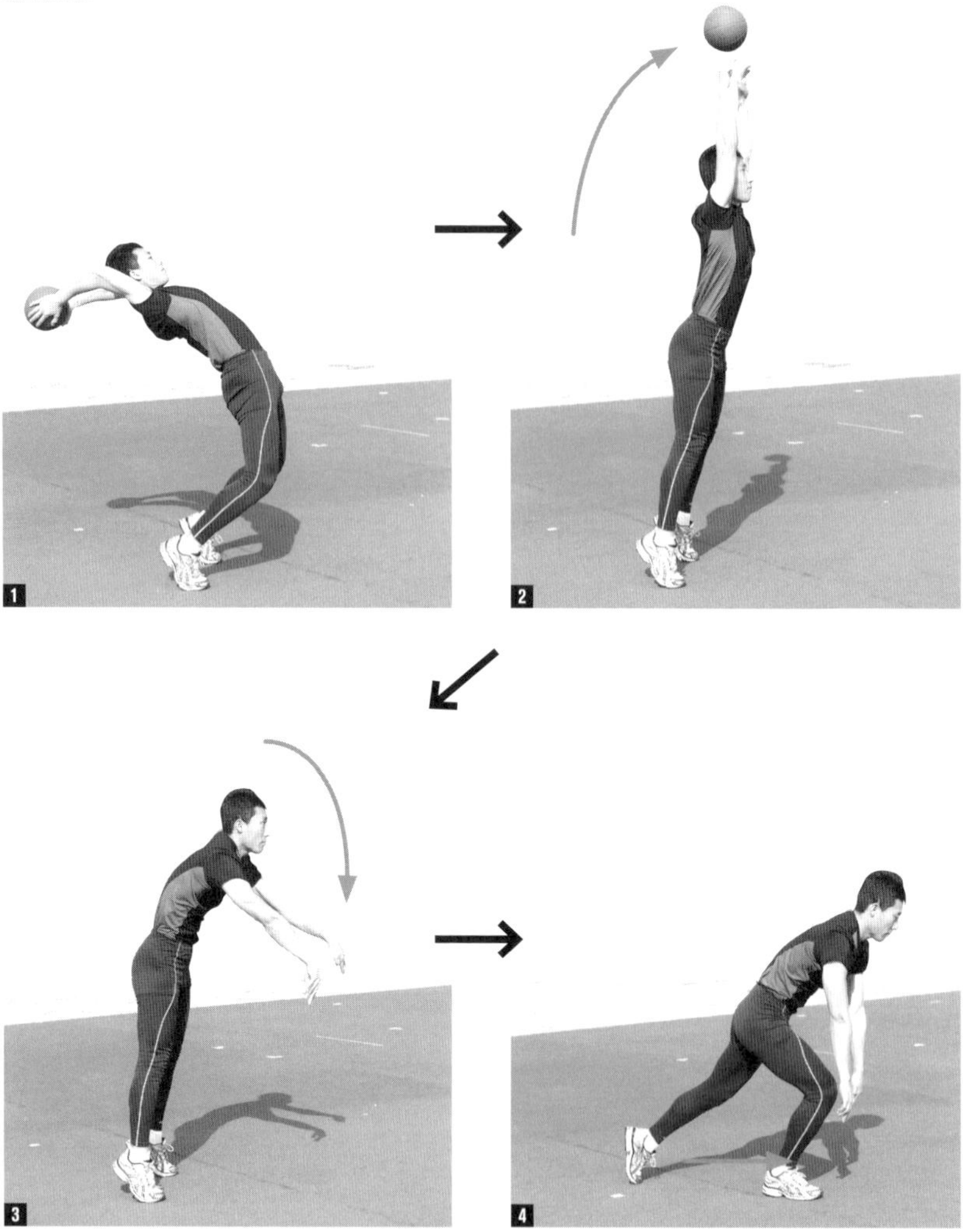

1 2 3 サッカーのスローイングと同じだが、ボールが重いため身体を弓なりにして、元に戻るエネルギーで前方へ放る。遠くへ飛ばすことよりも、身体のバネを使う動作を習得することが目的である。足を軽く前後に開いても可。その場合は左足前と右足前の両方で行なうとよい。4 ボールを離すと同時に前方へダッシュするとよい

13 スパイラル・バックスロー

ハンマー投げのようなスタイルでボールを対角線上に放る。1 でボールを左膝側にセットし、2 膝の立ち上がりと股関節（腰部）の伸展、腕のスウィングを連動させて、3 右肩越しにボールを放る。逆方向も行ない、対称的に正確な動作を習得する

14 スクワット・チェストプッシュ

1 胸の前にボールをセットし、2 膝を曲げてしゃがみ込む。視線は正面に据えたまま。3 膝の立ち上がりと股関節（腰部）、腕の伸展を連動させて、前方へボールを投げる。全身が一直線になるイメージで。4 ボールを離すと同時に前方へダッシュするとよい

15 シットアップ・スロー

1 座り込み、腕を前方に伸ばしたままボールをもつ。2 3 上体を倒しながら、同時に腕も地面すれすれまで後方へ動かしていく。頭は起こして、視線を前方に据えておく。4 上体を起こしながら、前方へとボールを投げる

16 シットアップ・チェストプッシュ

投げ方を変えたシットアップ・スロー。1 座り込み、腕を前方に伸ばしたままボールをもつ。2 3 上体を倒しながら、同時に肘を曲げて、ボールを胸へ寄せていく。4 上体を起こしながら肘を伸ばし、前方へとボールを投げる

17 ラテラル・ツイスト

1 座り込み、体側でボールをもつ。2 3 上体を回旋しながら反対側の体側までボールを移動し、溜めをつくる。4 上体を反らし、対角の肩越しに後方めがけてボールを投げる

18 シッティング・オーバーヘッド・フォワード

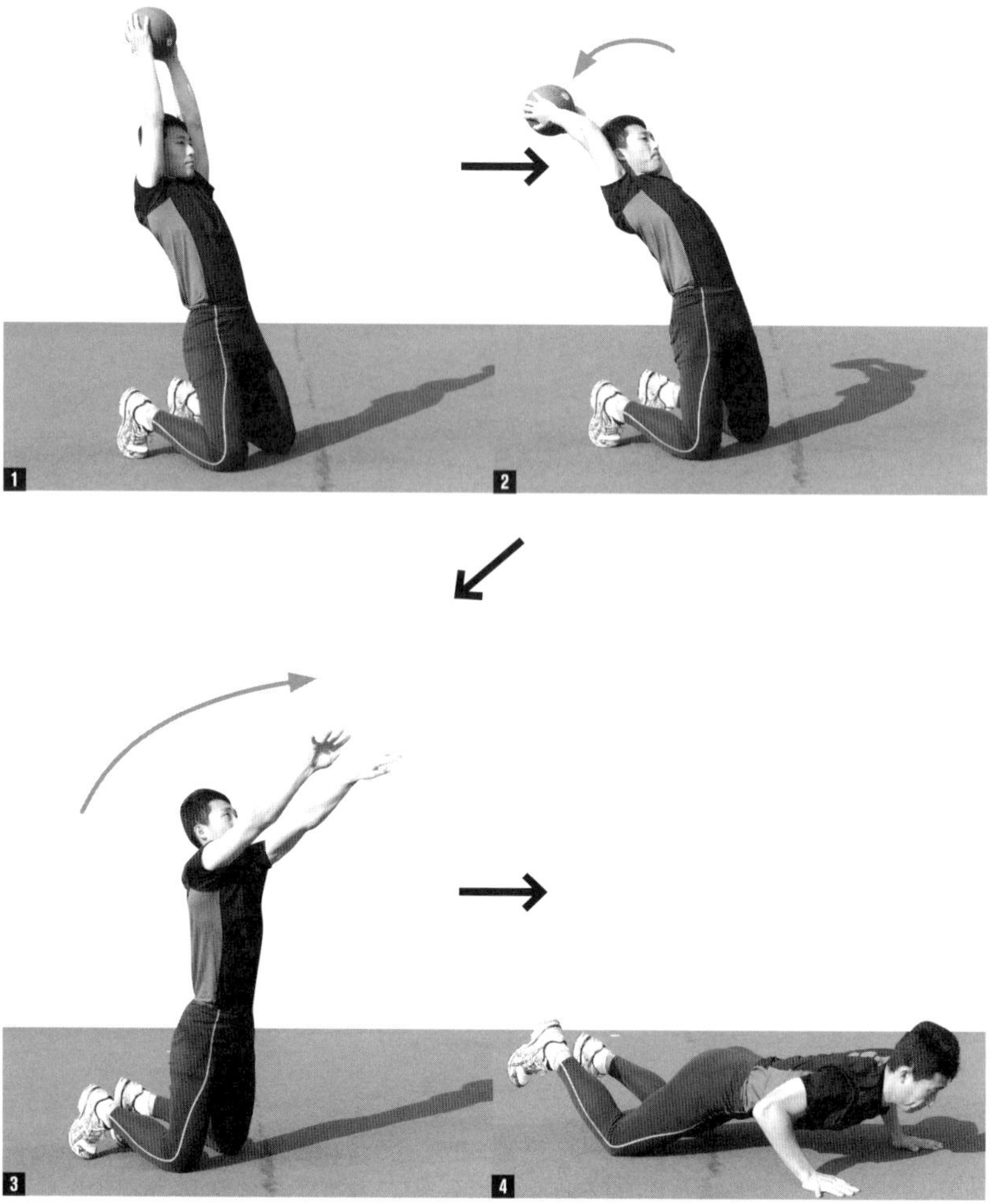

1 膝立ちになり、腕を伸ばして頭上にボールを上げる。2 上体を反らし、後方へとボールを移動させる。3 上体を伸ばしながら、前方へボールを投げる。4 地面に倒れ込むくらいの勢いで投げるとよい

19 シッティング・チェストプッシュ

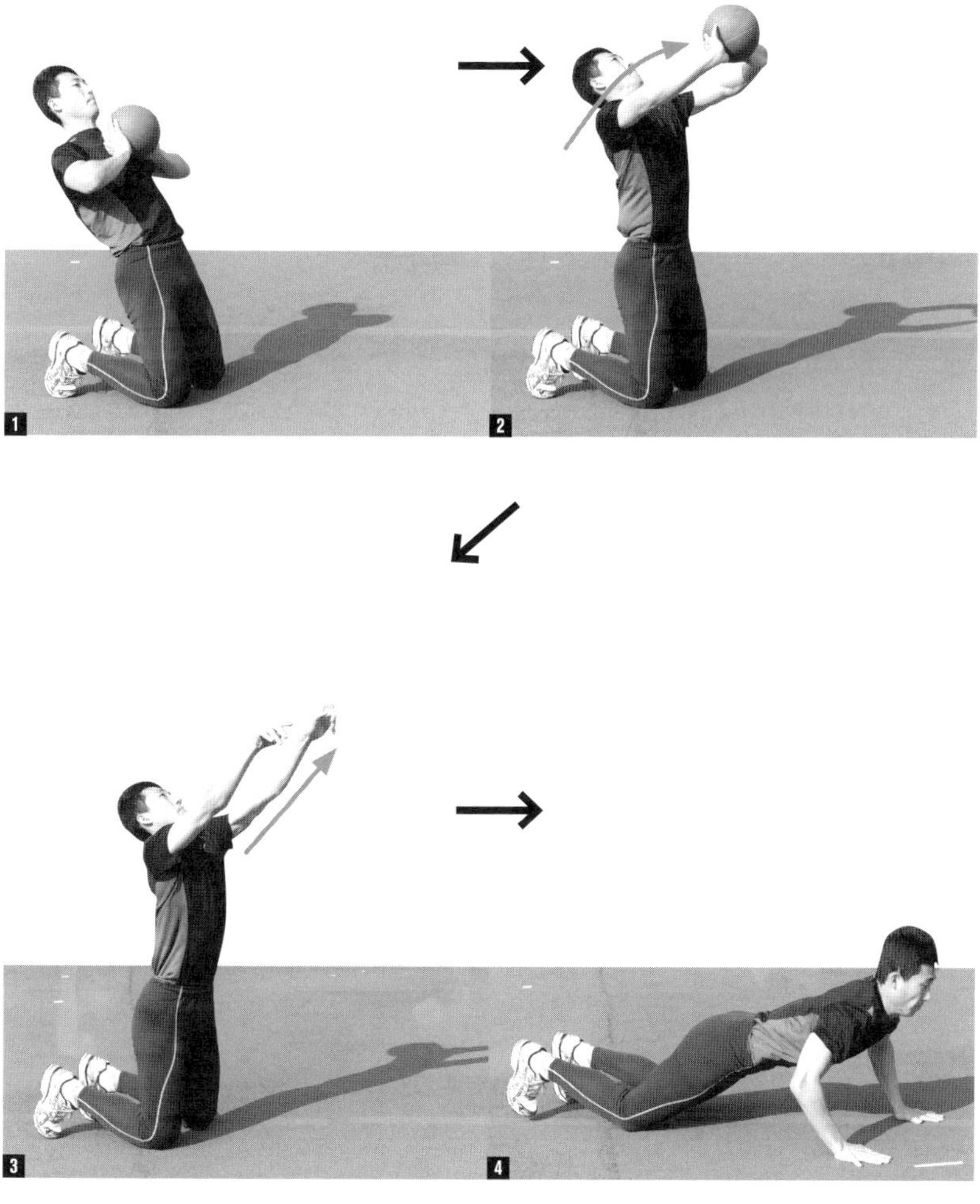

1 膝立ちになり、肘を曲げて胸の前でボールをセットする。上体を反らし、2 3 戻ると同時に肘を伸ばし、前方へとボールを投げる。4 地面に倒れ込むくらいの勢いで投げるとよい

20 シッティング・オーバーヘッド・バックスロー

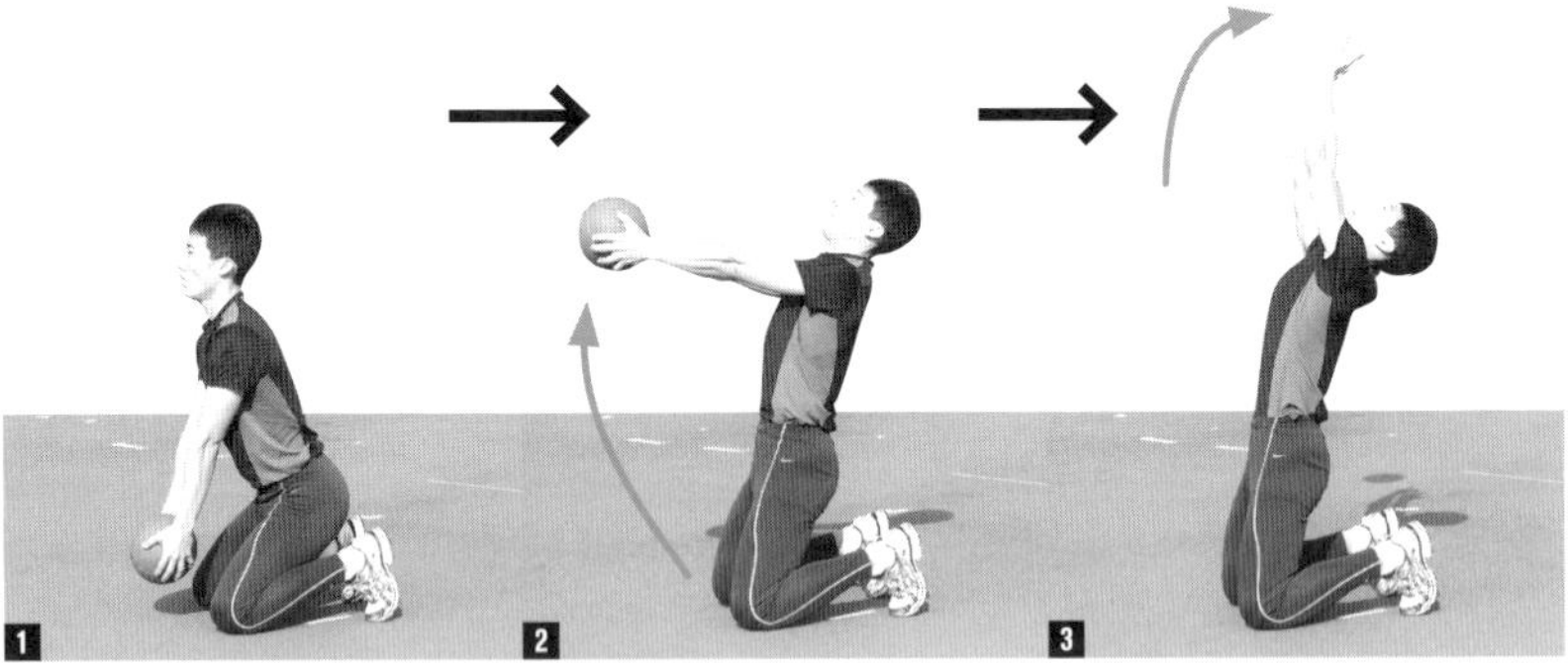

■1 膝立ちになり、重力に逆らわずに真下にボールをセットする。■2 上体を後方へ反らしながら、同時に腕を後方へ動かす。■3 頭上越しに、後方へボールを投げる

21 プライオメトリクス（ジャンプ①）

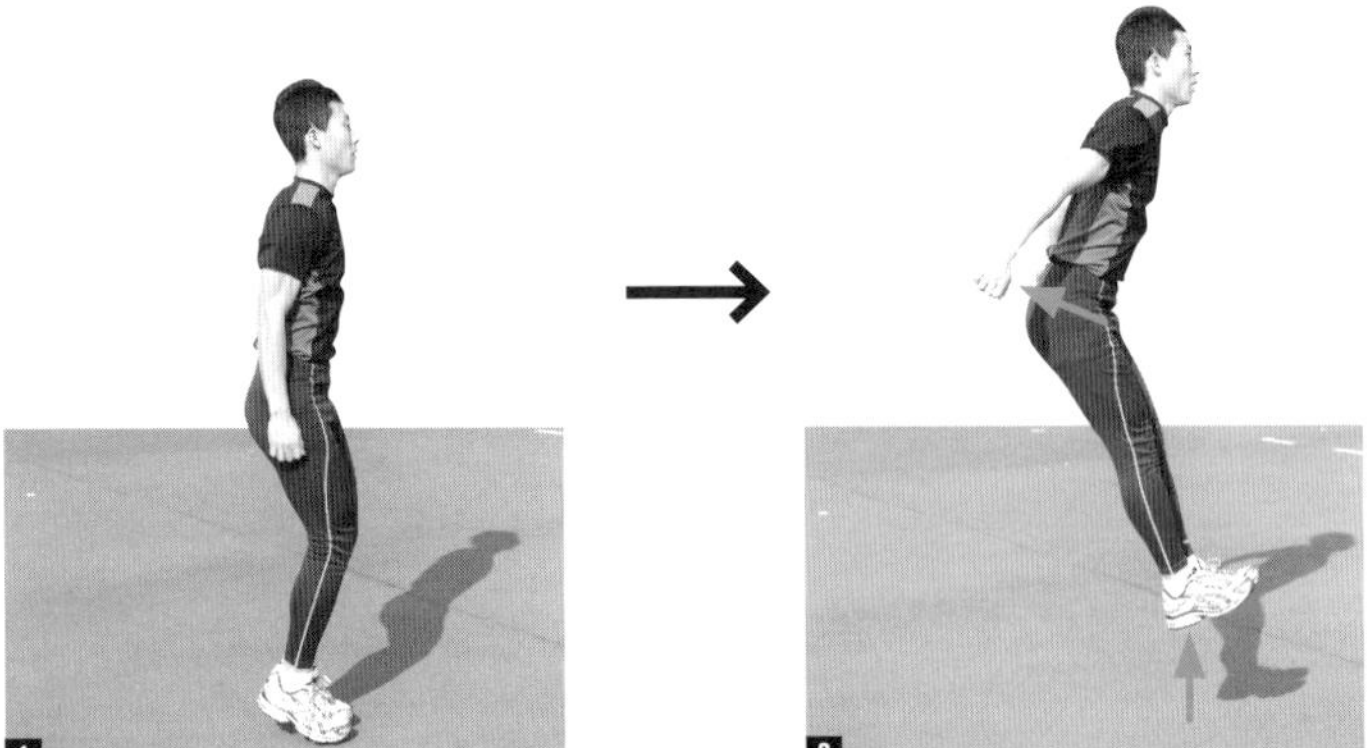

■1 ■2 腕や脚を素早く動かす連続ジャンプを行なう。接地時のスタビリティーを意識して、単なる無意味な連続ジャンプにならないよう集中する。接地は足裏全体ではなく母指球で行ない、前方に少しずつ進んでいく。このジャンプを「リカシエット」という

22 プライオメトリクス（ジャンプ②）

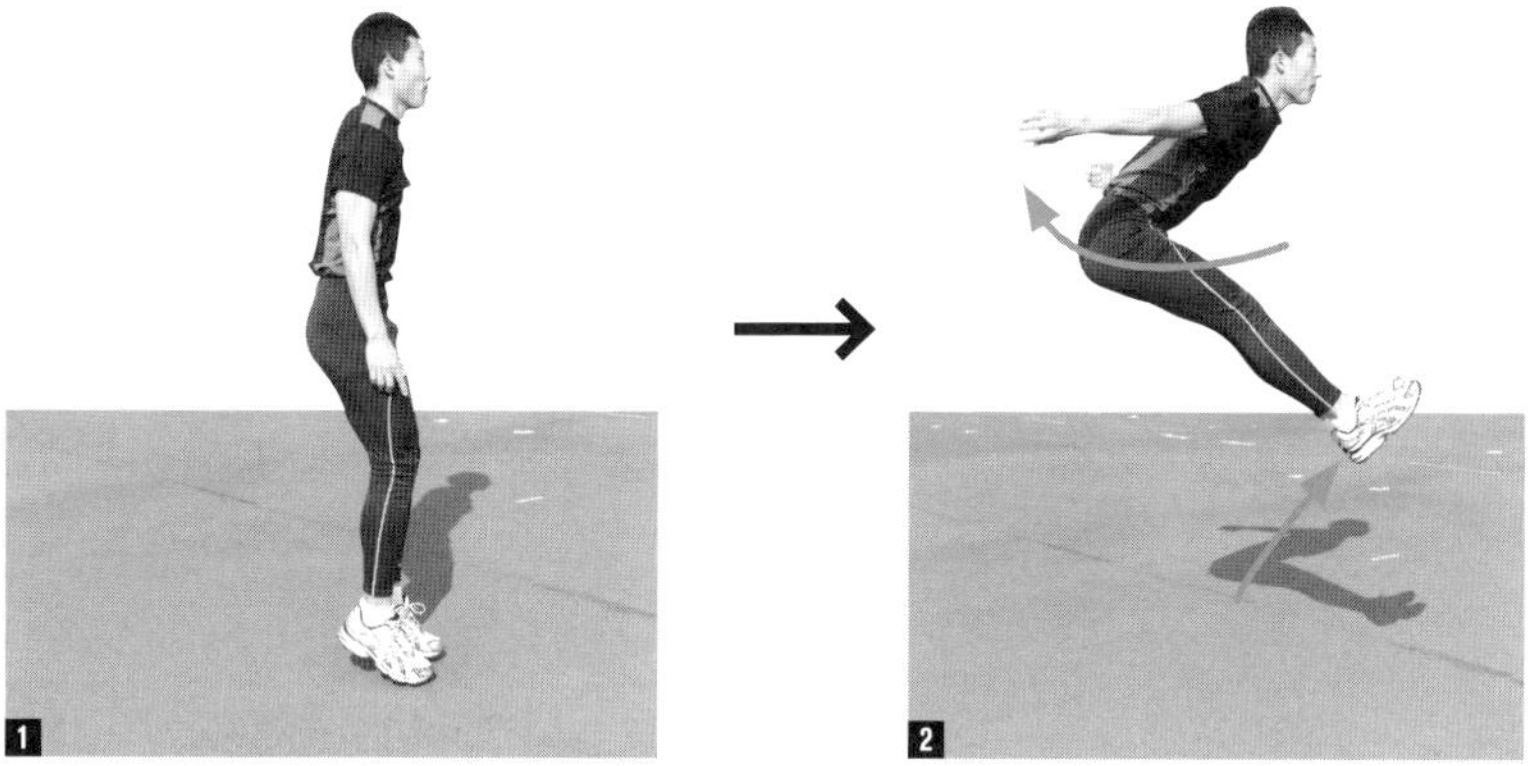

1 2 体幹の屈曲と腕のスウィングを強調したジャンプ。基本のリカシエット(21)より大きな動作となるが、ダイナミックに連続できると効果的である。腕のスウィングとの調和が難しいが、連続ジャンプができる範囲の高さでよい。過度に前屈しない

23 プライオメトリクス（ジャンプ③）

1 2 体幹の伸展と腕のスウィングを強調したジャンプ。基本のリカシエット(21)より大きな動作となるが、ダイナミックに連続できると効果的である。腕のスウィングとの調和が難しいが、連続ジャンプができる範囲の高さでよい。過度に反らない

24 プライオメトリクス（ジャンプ④）

1 前後に開脚した中腰の姿勢から、その場で交互にジャンプを行なう。2 腕は上方へスウィングし、空中で前後の脚を入れ替え、空中で一瞬全身を伸ばす。3 接地は膝をあまり深く曲げず、連続ジャンプができる範囲の角度がよい

25 スクワット・ジャンプ（フル）

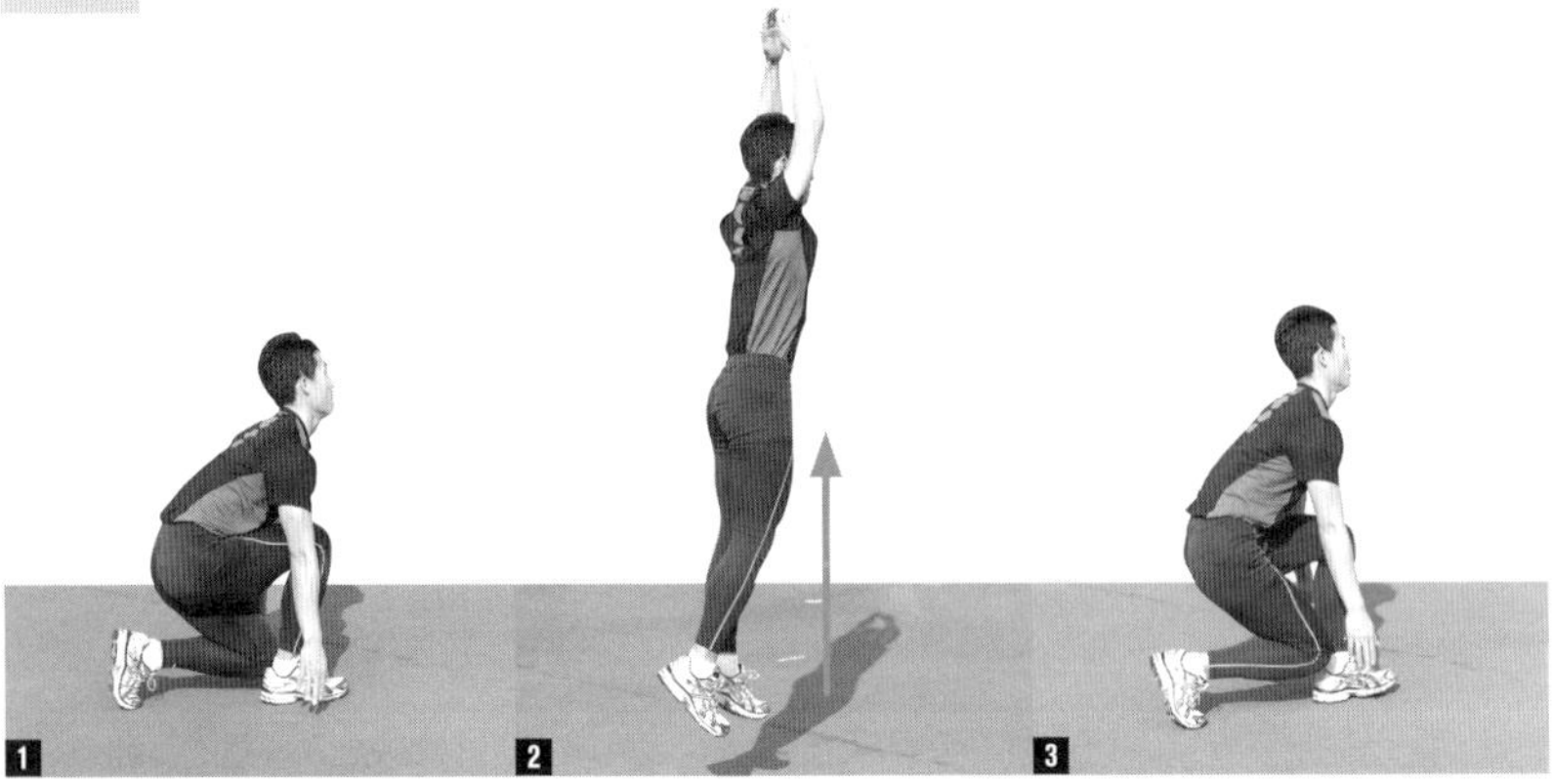

1 2 3 片膝立ちから全身で伸び上がり、垂直ジャンプをしながら前後の脚を入れ替える。ダイナミックに連続できると効果的である

26 左右開脚ジャンプ

1 2 垂直ジャンプを行なうと同時に、両脚を左右に開脚する。ダイナミックに連続できると効果的である

27 抱え込みジャンプ

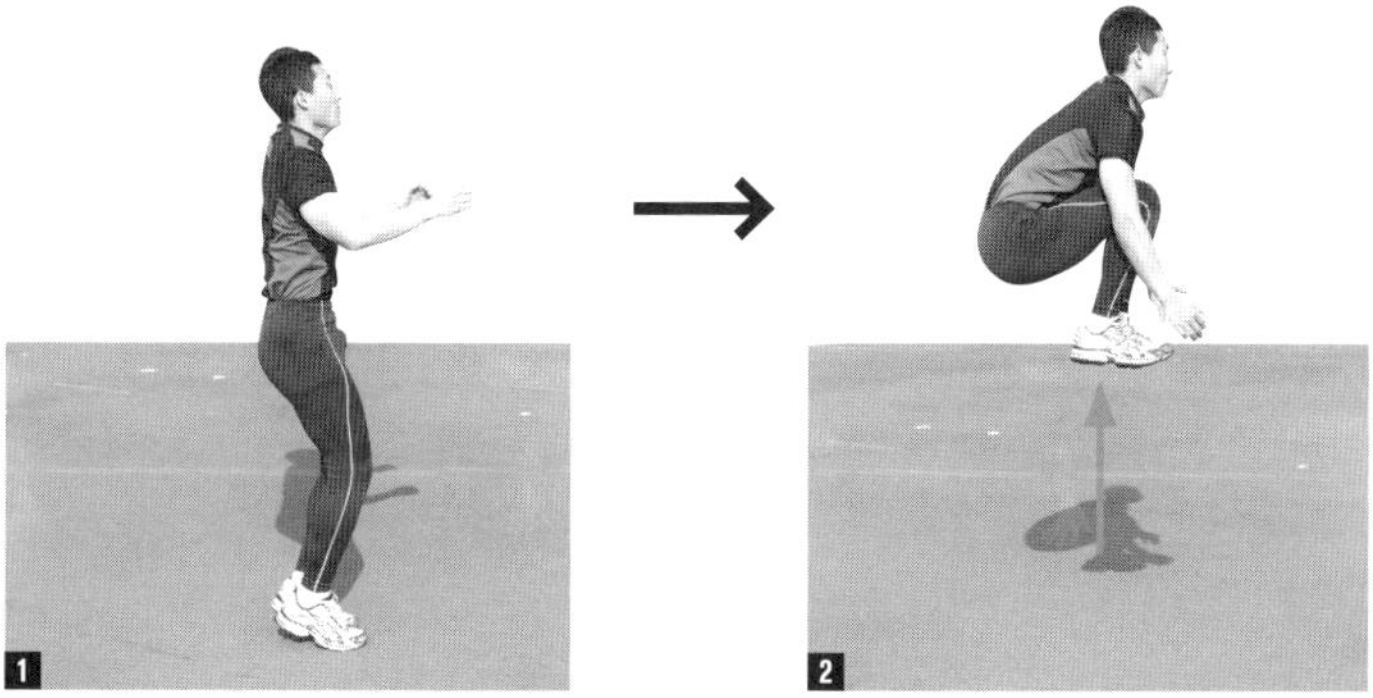

1 2 垂直ジャンプを行なうと同時に、両膝を曲げて腕で抱え込むようにする。ダイナミックに連続できると効果的である

28 前後開脚ジャンプ

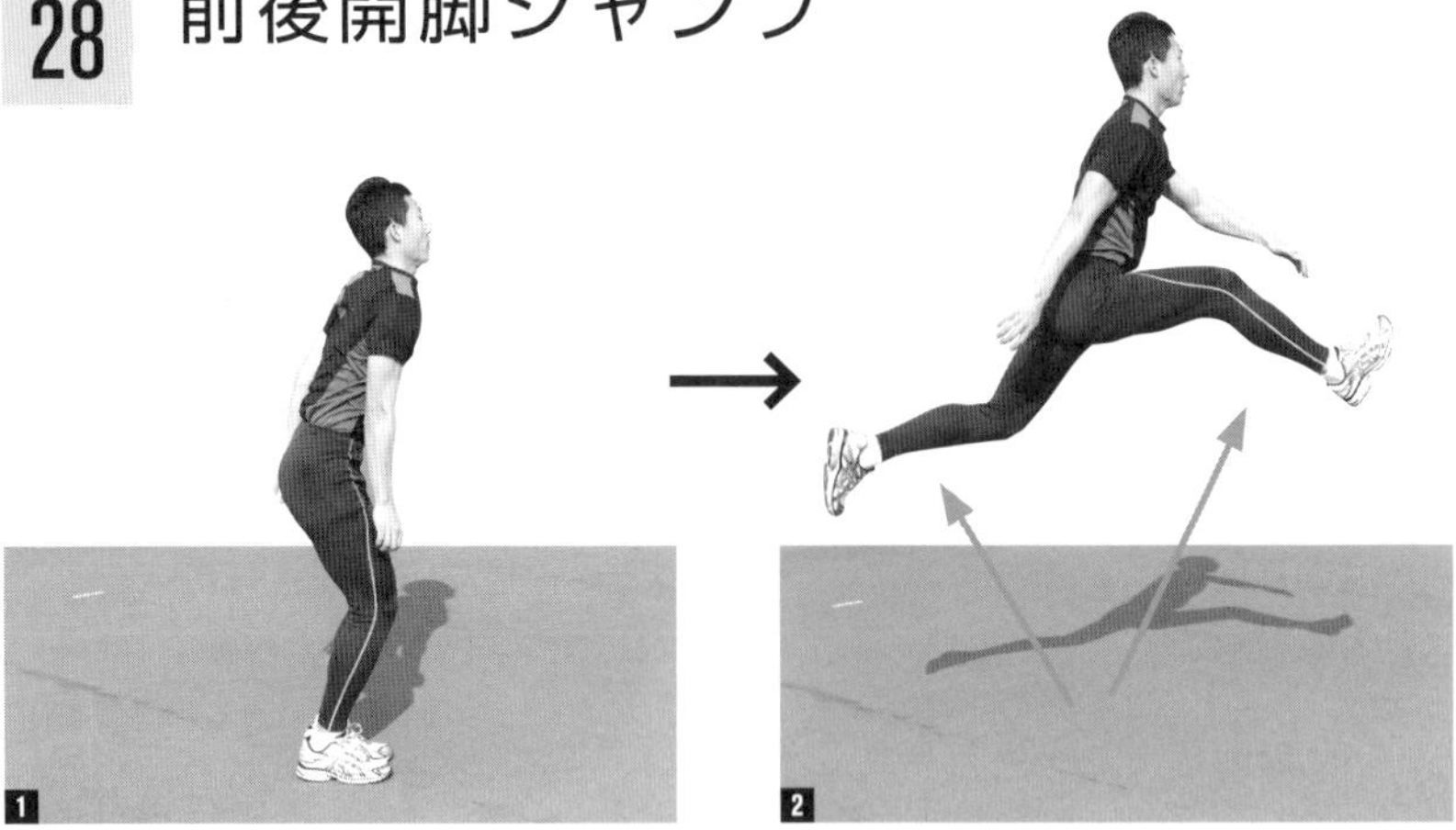

1 2 垂直ジャンプを行なうと同時に、両脚を前後に開脚する。ダイナミックに連続できると効果的である

29 サイド・ジャンプ

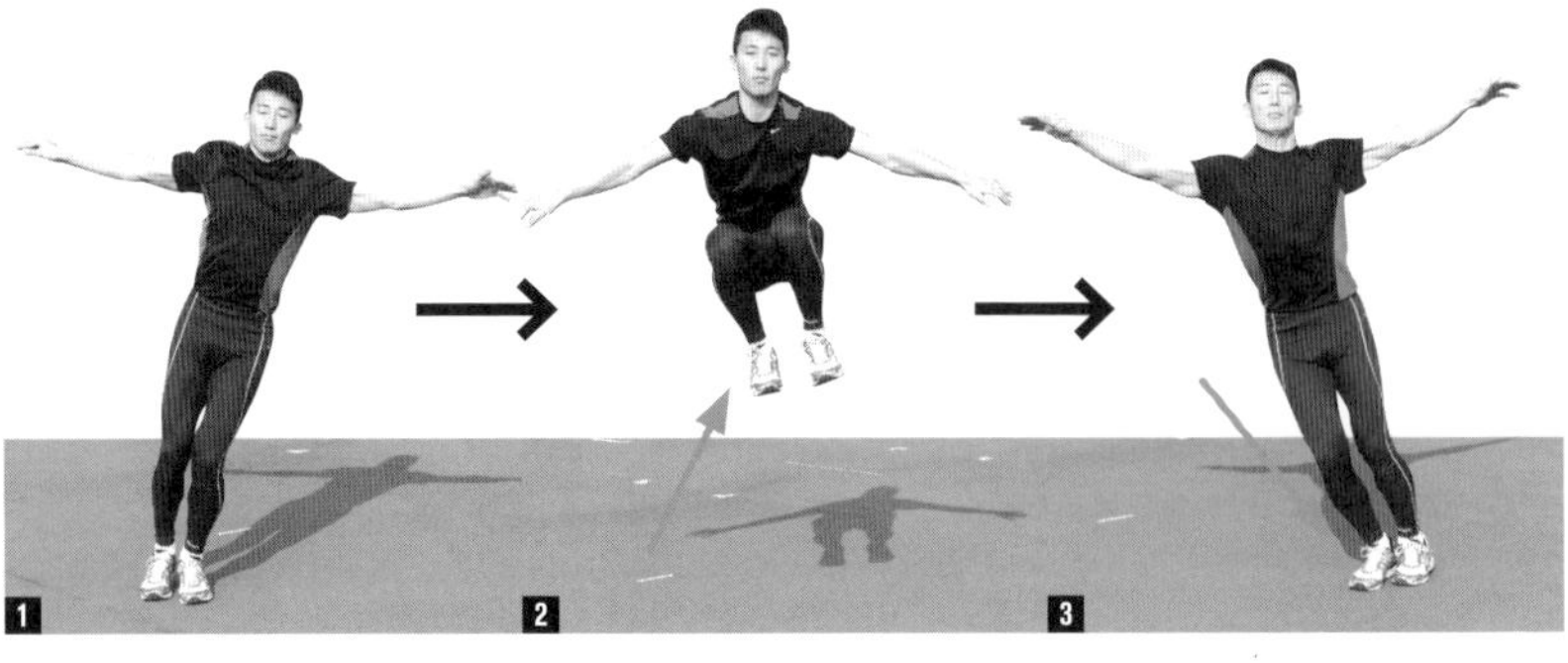

1 真横に跳び上がり、2 両腕は広げたまま両膝を抱え込む。3 着地したら、逆方向に跳ぶ。これを連続して行なう

30 スピン・ジャンプ

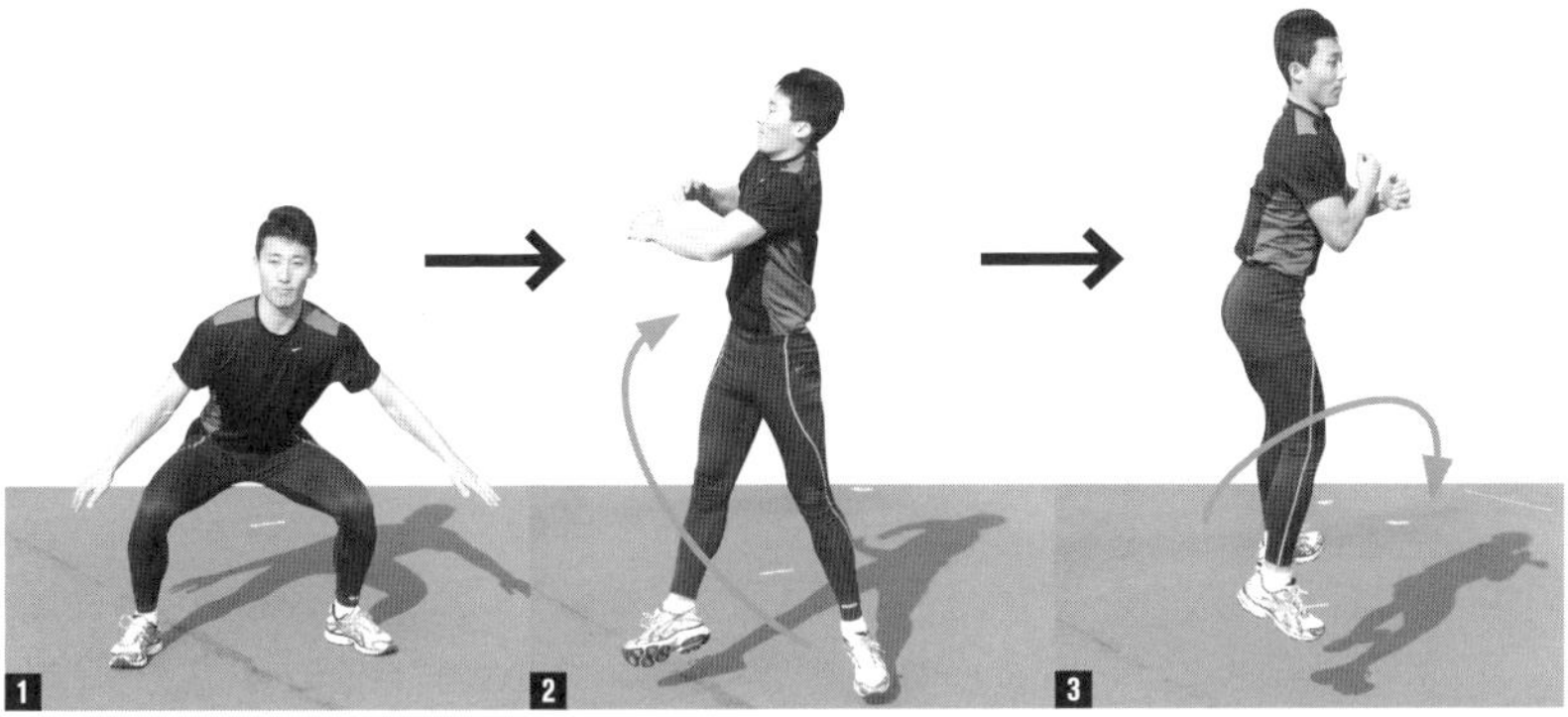

1 跳び上がると同時に、**2** **3** 360度回転する。逆回転も行ない、苦手な方向がないようにする

31 コンタクト・スピン

1 両腕を地面と平行に広げ、片脚に軸をつくる。**2** **3** 軸足を基点にし、もう一方の足で地面を蹴るようにして回転する。逆回転も行ない、苦手な方向がないようにする

32 エア・スピン

1 両腕を地面と平行に広げ、片脚に軸をつくる。もう一方の脚は、地面につけない。2 3 軸足を基点にして回転する。このときも、もう一方の脚を地面につけないようにすること。逆回転も行ない、苦手な方向がないようにする

33 シングル・ステッピング（小）

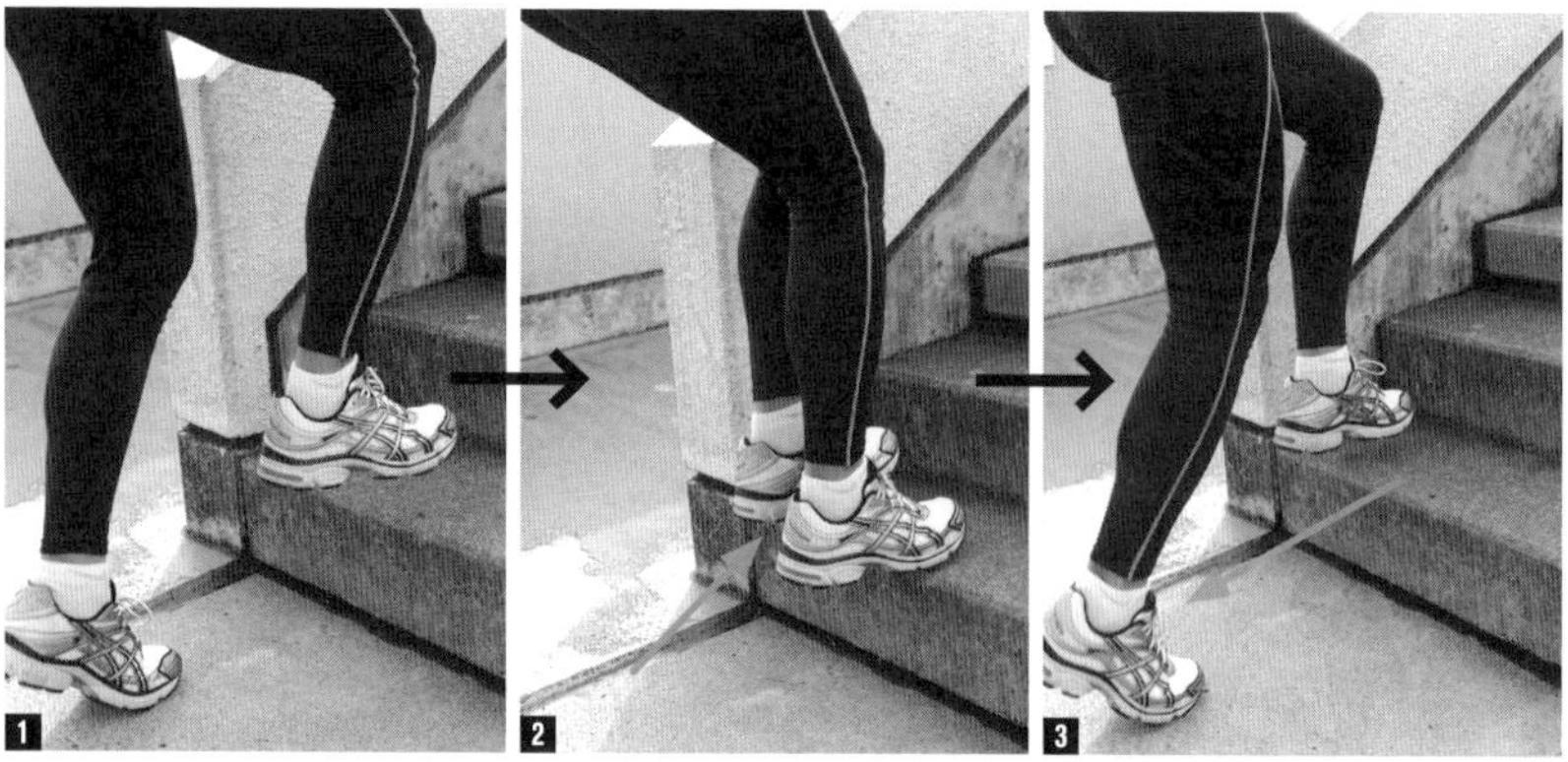

1 2 3 5～20cmの階段（台状ブロックでもよい）を利用した連続交互ブロック。空中ジャンプ中に前後の脚を入れ替えながら素早くリズミカルに行なう。接地は足裏全体ではなく母指球で行ない、各ステップの重心軸をしっかり意識する

34 シングル・ステッピング（大）

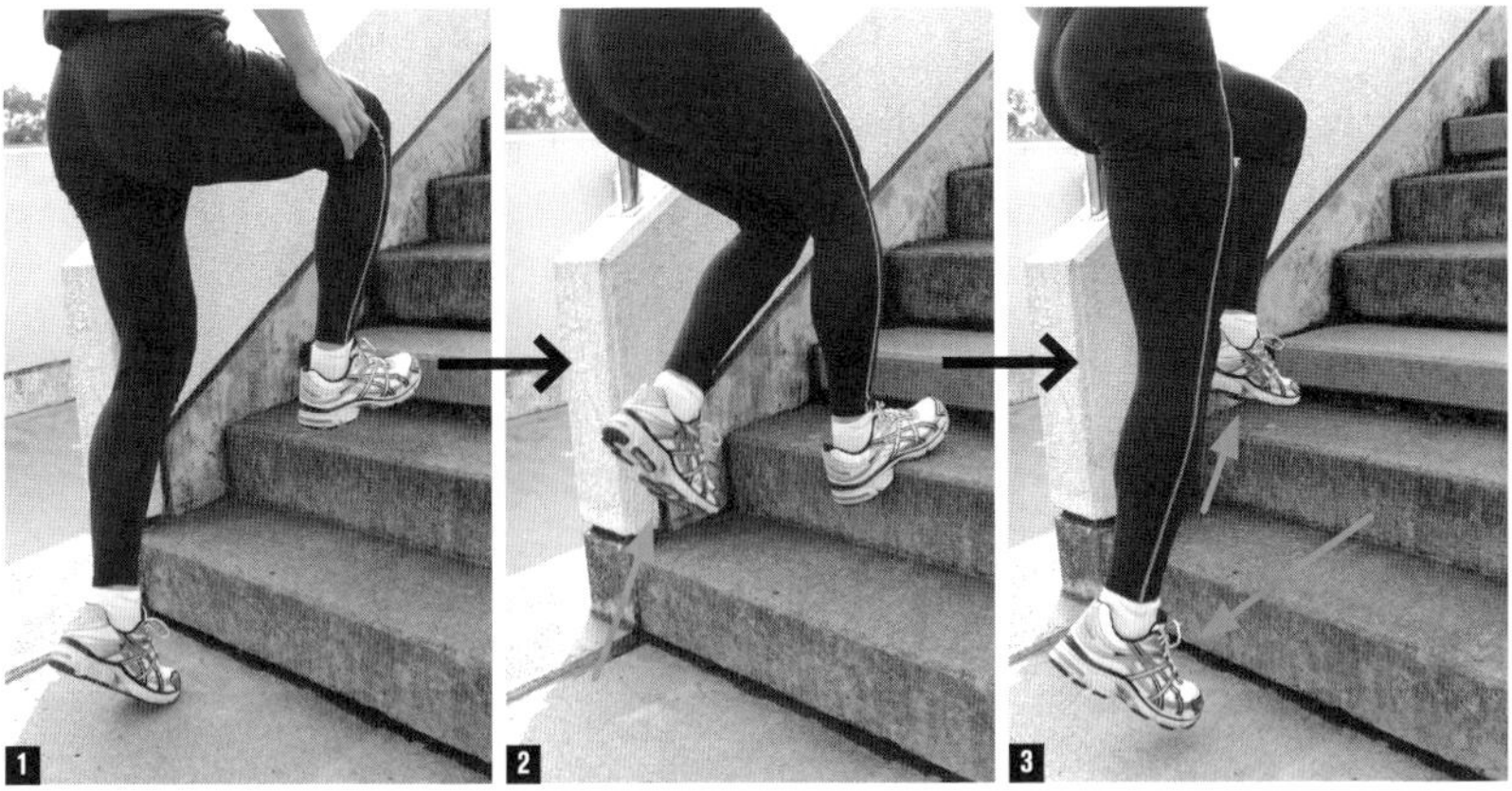

ステップ幅を広くとったシングル・ステッピング。1 2 3 の注意点は（33）と同じ

35 ダブル・ステッピング（小）

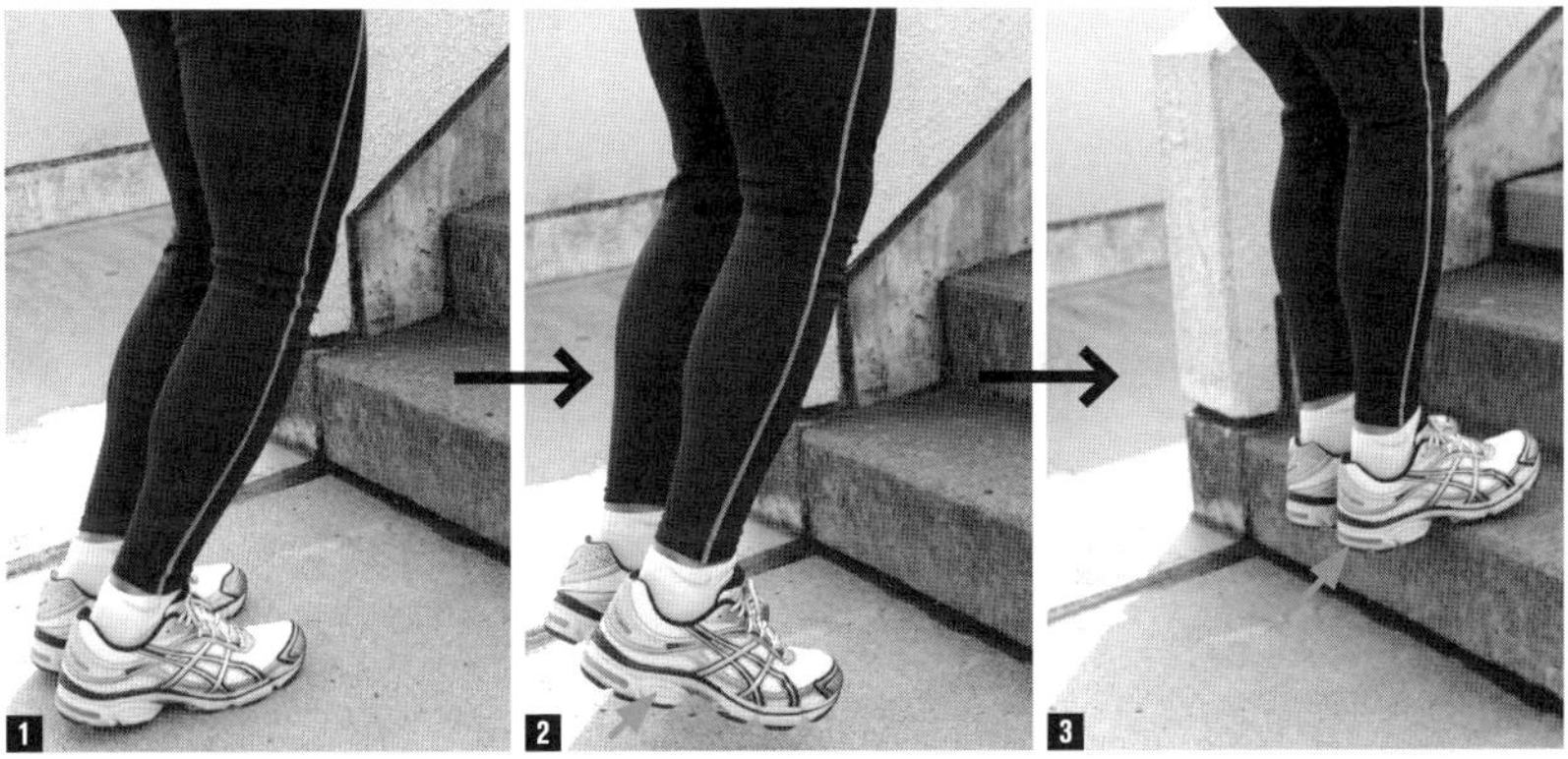

1 2 3 両脚での連続昇降ジャンプである。腕をタイミングよくスウィングし、前後に大きくぶれないようにコントロールする。接地は足裏全体ではなく母指球で行ない、各ステップの重心軸をしっかり意識する。足首よりは、膝のバネを使うイメージでジャンプする

36 ダブル・ステッピング（大）

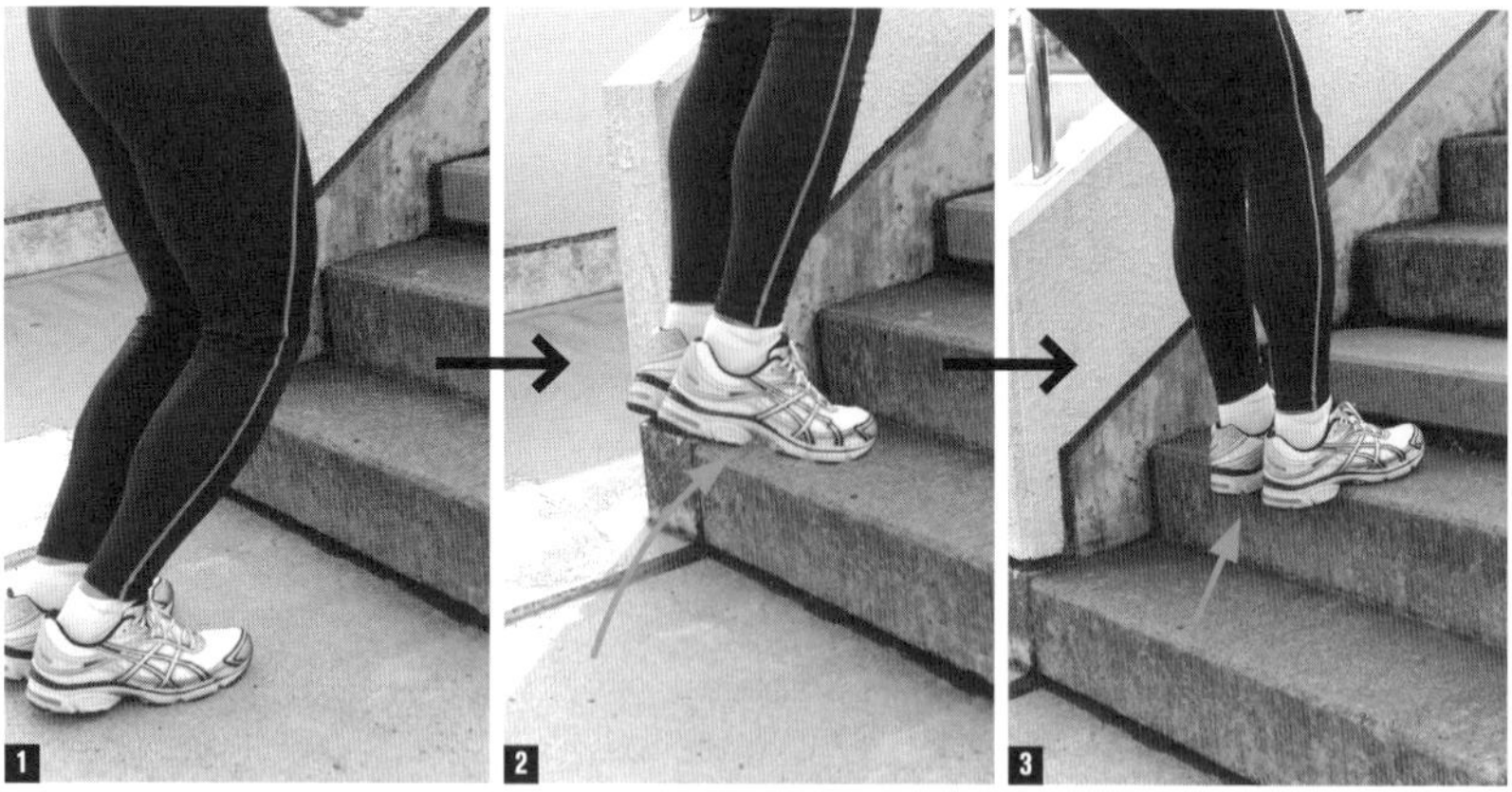

ステップ幅を広くとったダブル・ステッピング。
1 2 3 の注意点は（35）と同じ

37 スプリット・ステッピング（小）

1 2 3 シングル・ステッピングの倍の高さで行なうワイド版である。空中ジャンプ中に前後の脚の入れ替えを、軽い腕振りを入れながら素早くダイナミックに行なう。接地は足裏全体ではなく母指球で行ない、各ステップの重心軸をしっかり意識する

38 スプリット・ステッピング（大）

1

2

3

ステップ幅を広くとったスプリット・ステッピング。1 2 3 の注意点は（37）と同じ

3
4
5

3
4
5

39 バウンディング

1 2 3 4 5 脚を交互に入れ替えてジャンプを繰り返す。両脚は前後に開くこと

40 ホッピング

1 2 3 4 5 片脚で連続ジャンプを行なう。軸脚を抱えるようにして跳ぶこと

3
4
5

3
4
5

41 両脚跳び（小）

1 2 3 4 5 両脚を揃えて連続ジャンプを行なう。タイミングよく両腕を振り、小刻みに跳ぶこと

42 両脚跳び（中）

1 2 3 4 5 両脚を揃えて連続ジャンプを行なう。タイミングよく両腕を振り、両膝を抱えるようにして高く跳ぶこと

3
4
5

43 両脚跳び（大）

1 2 3 4 5 両脚をそろえて連続ジャンプを行なう。深く沈みこんでから、全身で伸び上がるようにして跳ぶこと

スピード系エクササイズ

スピード系エクササイズの活用法

(1) スピード系エクササイズの特徴

スピード系エクササイズは、身体の素早い反応と移動スピードを高める目的で行なうものです。ここでは、ミニハードルやラダーを使うアジリティー系のトレーニングとは異なったメニューを紹介していますが、アジリティー系等と併用するとより効果的でしょう。

スポーツの動作の多くには、ひねりや切り返しの要素が含まれています。そうした要素と水平面・垂直面への移動、さらには不規則なフェイントやリターンが複雑にからみ合って動作が成り立っています。あらゆる動作に則して、どのような状況にも対応できる第1歩の踏み出し、2歩目、3歩目への乗り出し、そして加速する能力等がスピード系のボディコントロールです。

(2) 姿勢と動作のチェック

エクササイズの中には、移動を伴わずその場で負荷をかけて実施するものと、水平あるいは垂直方向へ重心移動しながら行なうものがあります。

どのようなエクササイズを行なうときも、まず正確な開始姿勢（スタートポジション）を確認します。例えば、足の位置やスタンス幅はどうか、荷重はつま先寄りか、かかと寄りか、膝は伸ばすのか曲げるのか、どのくらい曲げるのか等です。次に動作のチェックを行ないましょう。正確でタイミングのよい（またはリズミカルな）動作は、力をよりスムーズに伝達します。さらに、目的姿勢（ターゲットポジション）のチェックも欠かせません。これは、どのようなポジションで行なうのか、ピッチやストライドは適切か等の動作の確認です。

〝回数をこなせばいい〟〝素早く行なえばよい〟といった実感的なトレーニングは、決して効果的なトレーニングとはいえません。

(3) プログラム作成の目安

①エクササイズの選択

厳密にいえば、スポーツの競技や種目の特性によって採用するエクササイズは異なります。しかし、本書で紹介しているエクササイズは汎用性がありますので、基本から応用まで、さまざま

<参考>実施者の体力レベルに応じたセット数の目安

上級レベル	4〜5セット
中級レベル	3〜4セット
初級レベル	2〜3セット
初心者レベル	1〜2セット

な競技に役立つものです。競技や種目の特性にこだわりすぎて、特定のエクササイズしか採用しないという選択方法は決しておすすめできません。

②リピート数 Repeats

リピート数とは、1つのエクササイズを何回実施するか、すなわち反復回数のことです。

例えば、〝腿上げを30回行なう〟というように、「エクササイズの種類＋リピート数」と示します。左右どちらでもできるエクササイズに関しては、利き手や利き脚に偏ることなく均等に行なって下さい。

③セット数 Sets

セット数は、〝腿上げを30回、3セット行なう〟というように「（エクササイズの種類＋リピート数）×セット数」と示します。左右別々に行なうエクササイズの場合、ここでは〝左右20回ずつ交互に行ない、それを3セット実施する〟といった方法をおすすめします。これは筋と神経の協調を図るためです。

以下は、実施者の体力的なレベルに応じたセット数の目安です。

＜参考＞１週間におけるテーマ別エクササイズのセッション数の目安

ストレングス系　3回/週	バランス系　6回/週
スピード系　2回/週	
パワー系　1回/週	
休養日	

自分がどの体力レベルに位置するか、セット数をこなすだけの十分なトレーニング時間があるか等、不特定な要素もありますので、エクササイズの種類やリピート数とも関連づけて無理のないプログラムを作成して下さい。

④ セッション数 Sessions

セッション数とは、１週間のうち休養日を除く６日間の中で、このストレングス系のエクササイズを何回行なうかを設定することです。例えば週３回に設定し場合、月―水―金と隔日で行なうのか、月―火―水と連日で行なうのか、あるいは月―水―木など変則的に設定するのかは、他のトレーニング要素との兼ね合いを考慮する必要があります。スピード系エクササイズの場合、スプリントのトレーニングやパワー系のトレーニングとの関係を明確にし、効率的かつ効果的に活用すべきです。ここでは、〝スピード系を強化したいので週３回実施する〟という設定をその一例として紹介します。

同様に、ストレングス系やパワー系の割合を変化させると異なったパターンができるでしょう。

スピード系エクササイズ

1 ニーベント

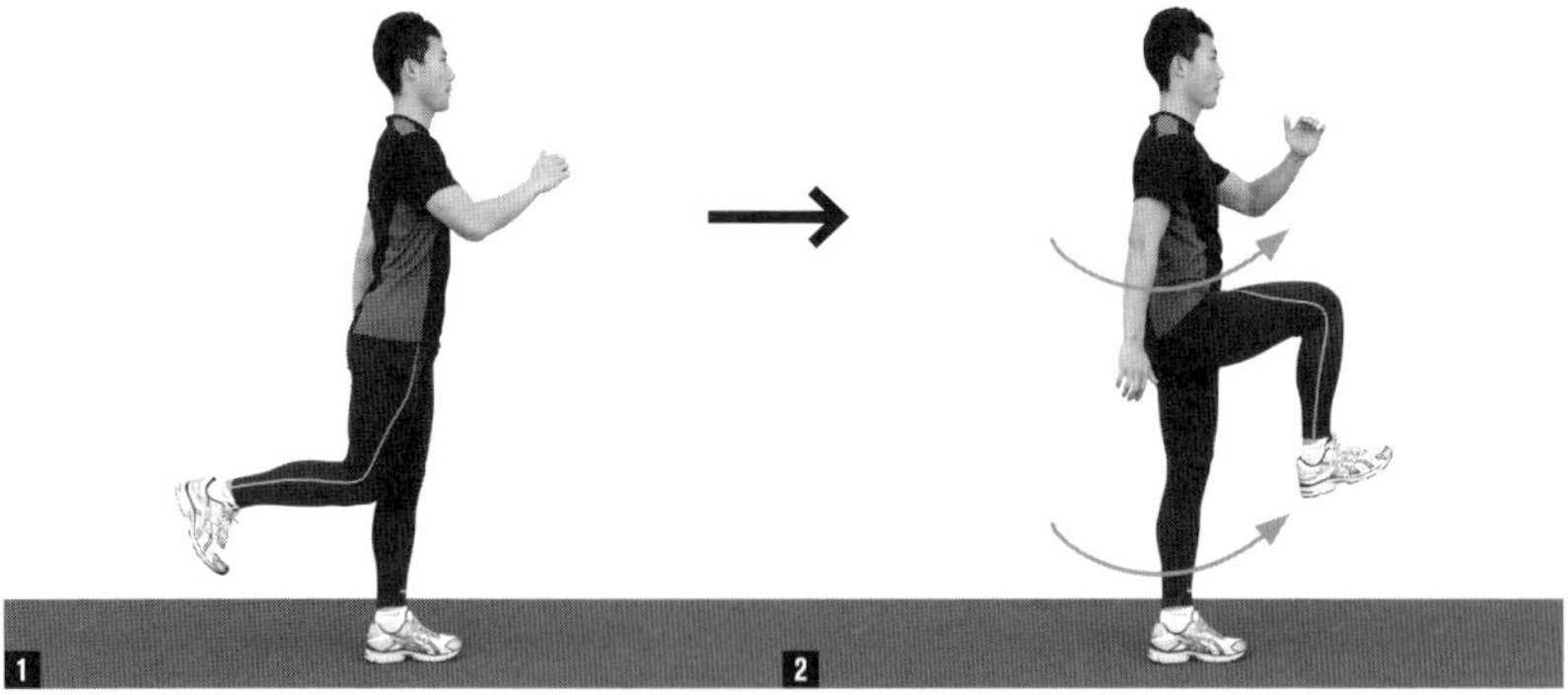

1 膝および足首の関節を固定して、後方に軽く予備動作を行なう。支持脚は足裏のプレートに乗る（支持脚のスタビリティーを認識する）。腕は、下肢の動作に合わせてバランスよく構える。前傾しすぎないように注意。
2 股関節を中心として、脚を前方に振る（膝および足首の関節を固定）。タイミングよく、腕を振る

2 ニーストレッチ（前強調）

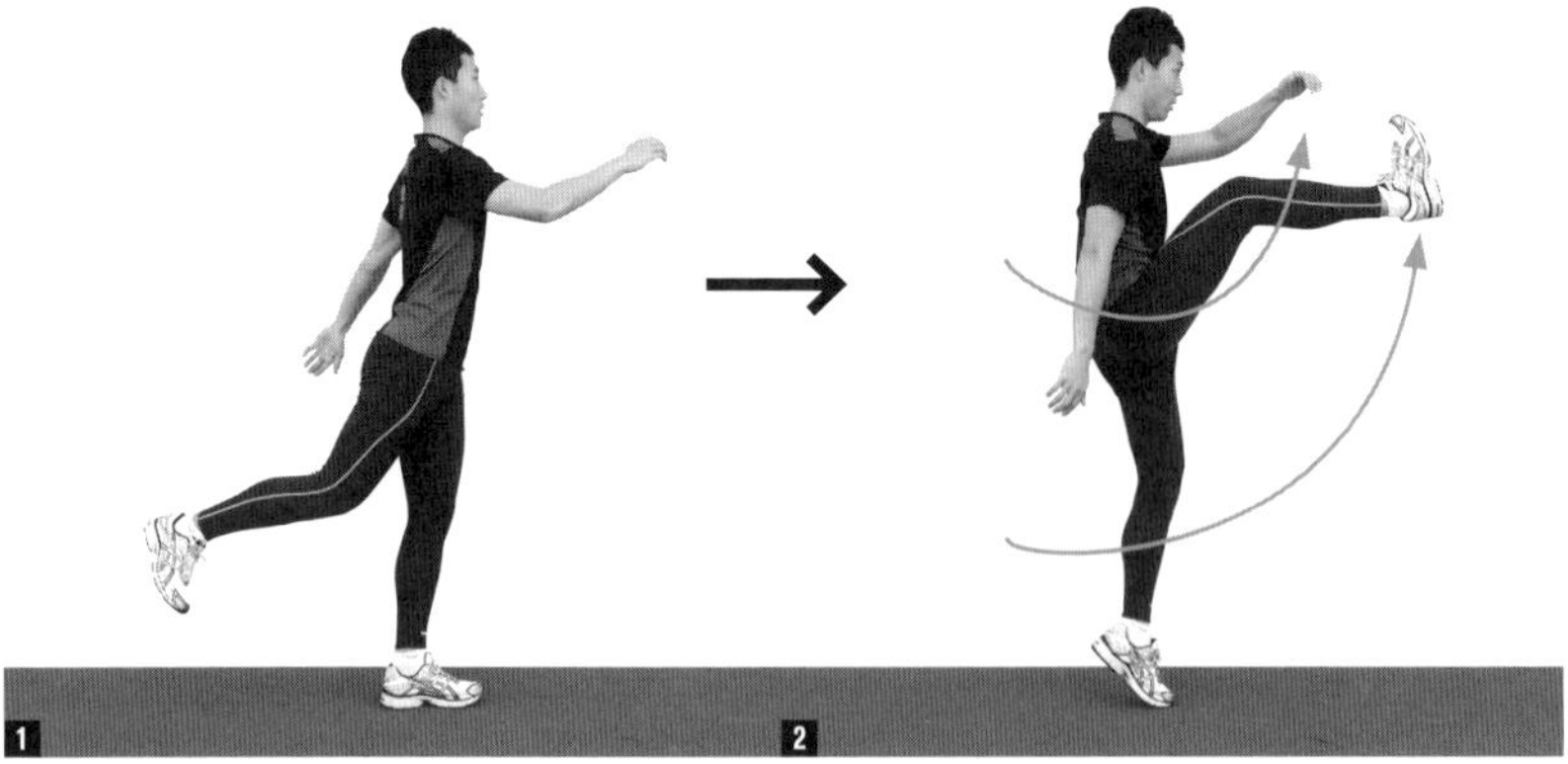

1 **2** 膝を伸ばして行なうスウィング。膝および足首の関節を固定する点、腕の振り、構えなどは、基本的にニーベントと同じ。脚を後方に振る場合も、前方に振る場合も、膝をできるかぎり伸ばすように意識すること

3 ニーストレッチ（後強調）

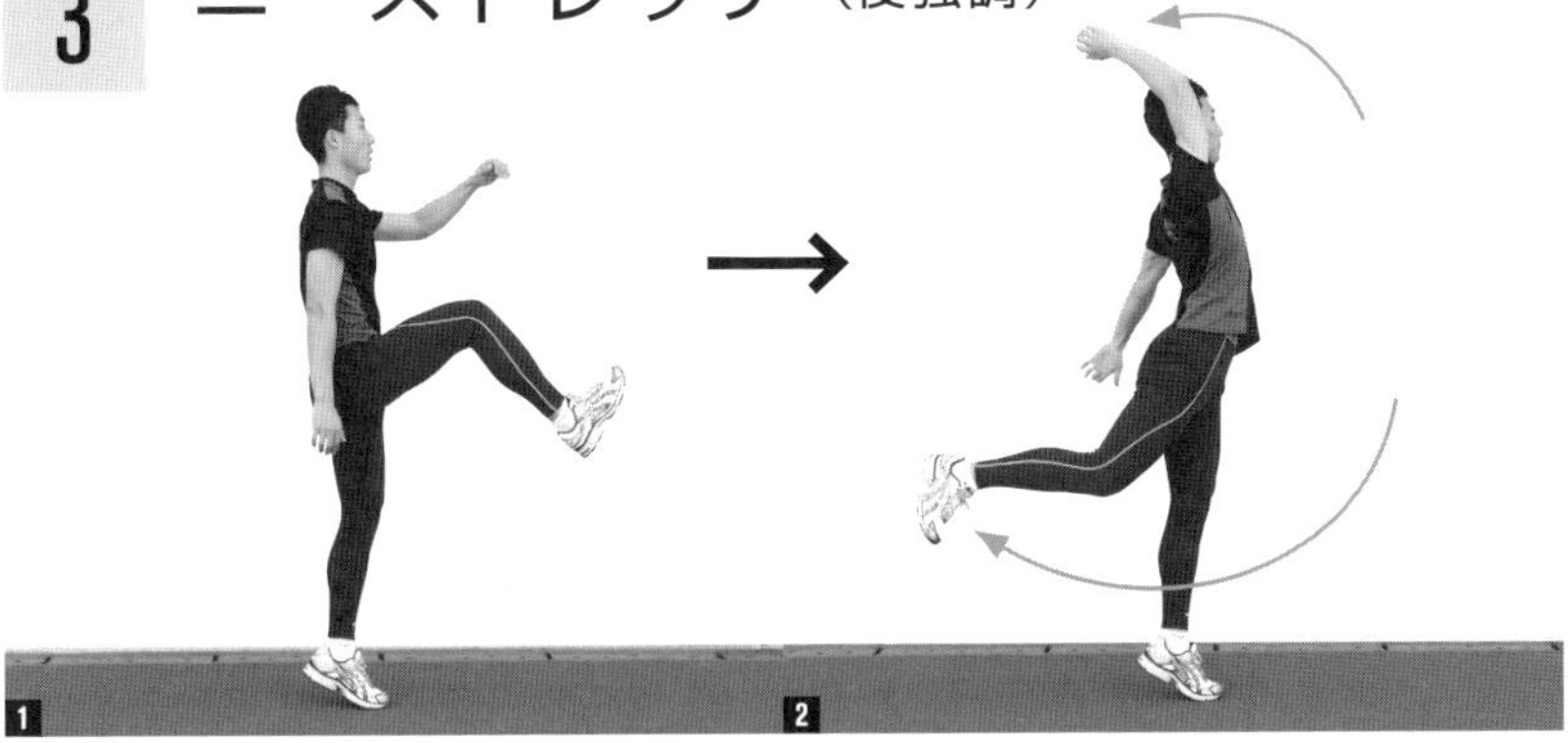

脚を前方に振ってから、後方への動作を強調するスウィング。1 膝および足首の関節を固定して前方に軽く予備動作を行なう。支持脚を足裏のプレートに乗せ、腕は下肢の動作に合わせてバランスよく構える。2 股関節を中心として、脚を後方に振る。腕から振った足先にかけて、円状のカーブを描くように意識する

4 アダクション（内転）

1 脚を外方向へ開き、小さな予備動作を行なう。身体が倒れないよう両腕を逆サイドに構えバランスをとる。足裏のプレートに乗る（支持脚のスタビリティーを認識する）。2 股関節を中心として、脚を内転スウィングする。最初は小さく、徐々に動作を大きくする。脚の動きで体軸が回らないよう、両腕の動作を強調する。つま先でしっかりと接地面をとらえ、動的スタビリティーを高める

5 アブダクション（外転）

アダクションと対になる動作。❶ 脚を内方向へ開き、小さな予備動作を行なう。❷ 股関節を中心として、脚を外転スウィングする

6 ツーステップ

２方向へのニーベントを連続して行ない、股関節の可動範囲を広める。❶ 自然に立った状態から、❷ 前方へ膝を振る。膝および足首を固定し、支持脚は足裏全体のプレートからつま先に乗る。❸ 膝を降ろして元の体勢に戻り、❹ 股関節を中心として、脚を外転スウィング。膝を伸ばさないように注意

7 ニュートラルスウィング

■1 ハードルを腰骨の高さ（手の指先がハードルに乗る程度の位置）に調節して平行に立つ。ハードルと身体の間には、ハードル側の脚の前後運動ができる空間をつくる。■2 フリーレッグ（ハードル側の脚）に合わせてフリーアーム（ハードル側とは逆の腕）をタイミングよく振る 。支持脚はしっかりと地面をとらえ、上体はアップライト、支持脚のスタビリティーを意識する。■1と■2をリズミカルに繰り返す。脚の動きに合わせて支持脚の足首でタイミングを合わせる

8 フロントスウィング

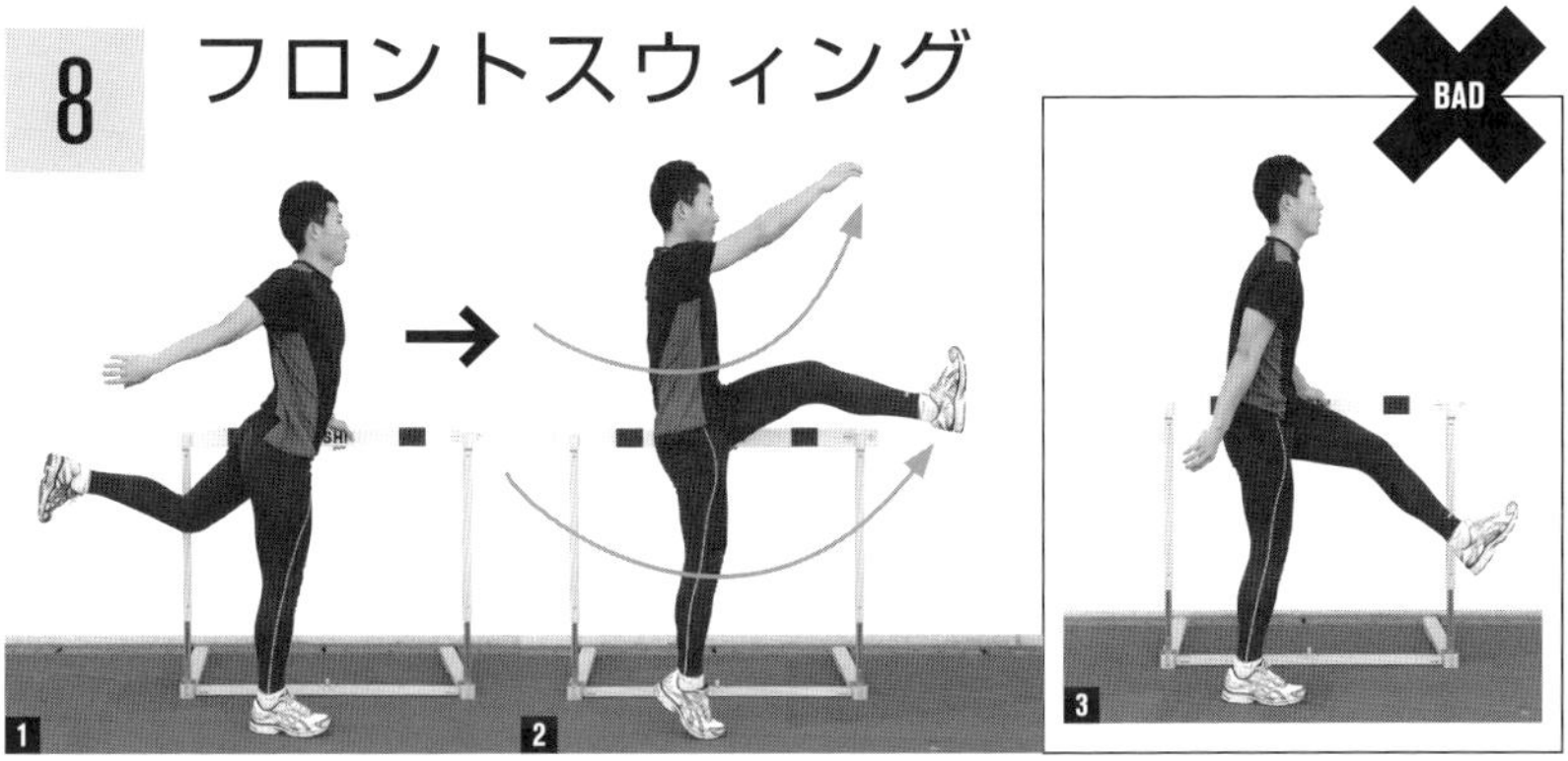

ニュートラルスウィングとは逆の動きで、前へ脚を振る動作を強調する。■1 リラックスして後方に脚を振る。支持脚はしっかりと地面をとらえ、上体はアップライト、支持脚のスタビリティーを意識する。■2 前方へのスウィング時には、支持脚はつま先に体重を乗せる。胸を張り、フリーアームはダイナミックな動作をする。■3 は悪い例。ベタ足（足裏全体が地面にくっついた状態）だと運動制限が起こり、腰が曲がり上体がややかぶってフリーレッグの動きが硬くなる。ハードルを保持している手に体重をかけすぎるとに身体の軸が傾いてしまう

9 バックスウィング

フロントスウィング(8)と逆の動作。1 ニュートラルスウィングと同様にリラックスして前方にスウィングする。支持脚はしっかりと地面をとらえ、上体はアップライト、支持脚のスタビリティーを意識する。支持脚は、つま先に体重を乗せる。2 胸を張り、フリーアームはダイナミックな動作をする。また、背屈の原因になるのでヘッドアップはしないこと

10 アダクション（内転）

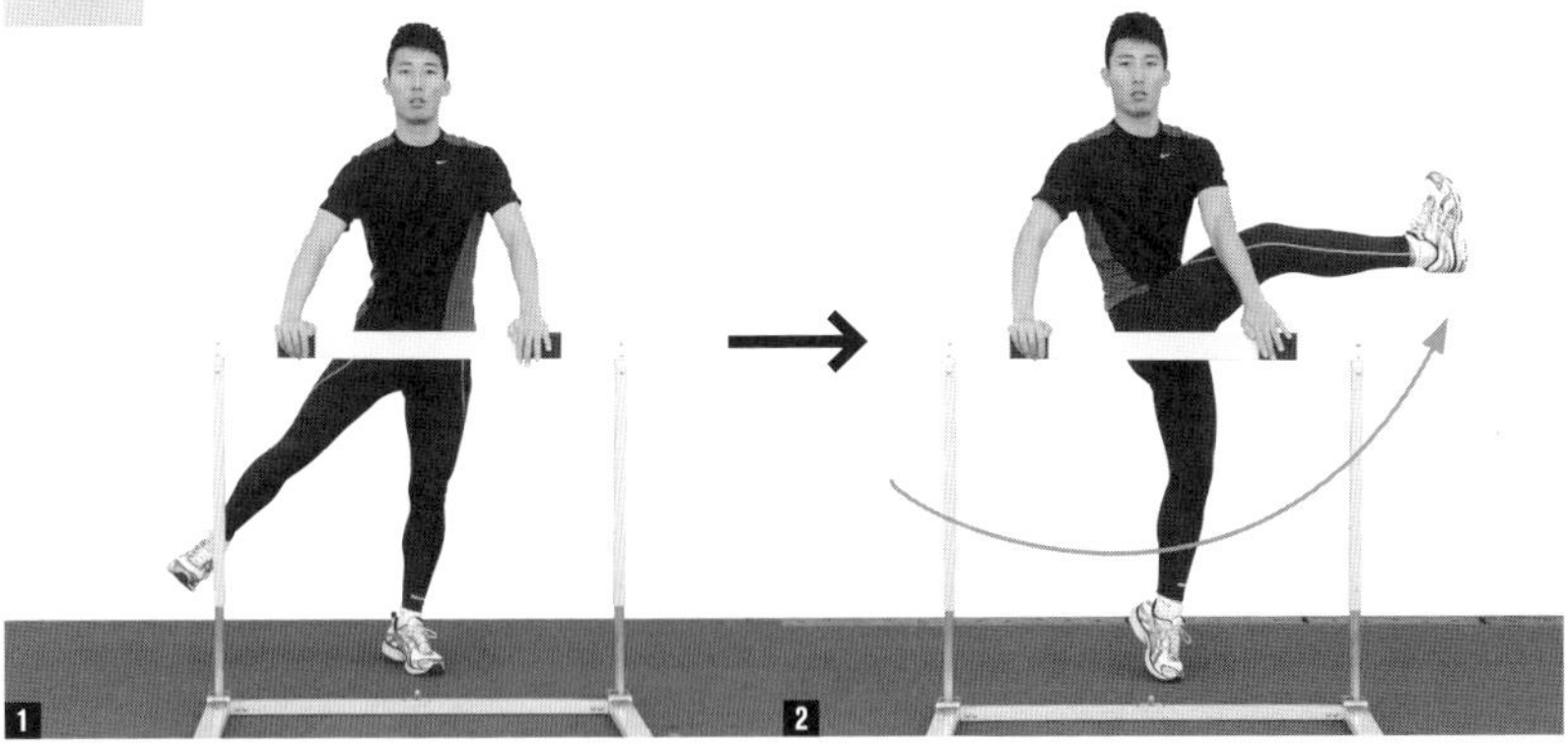

1 リード脚の足首は“内返し”の状態で準備する。上体はあまり前傾させず、ハードルに荷重させない（手はハードルに置くだけの状態がよい）。**2** 股関節を中心として内転スウィングをする。支持脚のスタビリティーが損なわれない程度の振りでよい。上体はアップライトで、手はハードルを強くつかまない程度にサポートする

11 アブダクション（外転）

1 外転方向へはリード脚の足首を“外返し”で運動する。**2** 最初はゆっくり動かし、徐々に振りを大きくする。支持脚のスタビリティーが損なわれない程度の振りでよい。股関節を中心として外転スウィングをする。上体はアップライトで、手はハードルを強くつかまない程度にサポートする。無理をして上げすぎると支持脚の膝や腰が曲がるので注意する

12 ストレート・バック・カッター

ハードルを股関節の高さ（初心者は低めがよい）に調節し、ポジションを慎重に確認する。前方のバーやフェンス（ここでは壁を利用）を利用して、やや前傾姿勢を維持する。頸部は体幹の延長でリラックスさせながら固定し、運動中は振り向いたり前後に振ったりしない。1 スタートポジションは、バーをもつ両手と支持脚の３点支持。フリーレッグを後方に伸展（ストレート・バック）させ、ややクロスした状態からスタートする。はじめはゆっくりと行ない、動作ルーチン（動きの軌跡）を確認する。2 3 フリーレッグは、後方でハードルを挟み越えながら、脚の外転運動（支持脚から離れる）と内転運動（支持脚のほうへ戻る）を繰り返す。このとき、支持脚はスタビリティーを保ちながら、つま先支持によるかかとの上下動でタイミングをとってリズムをつくる

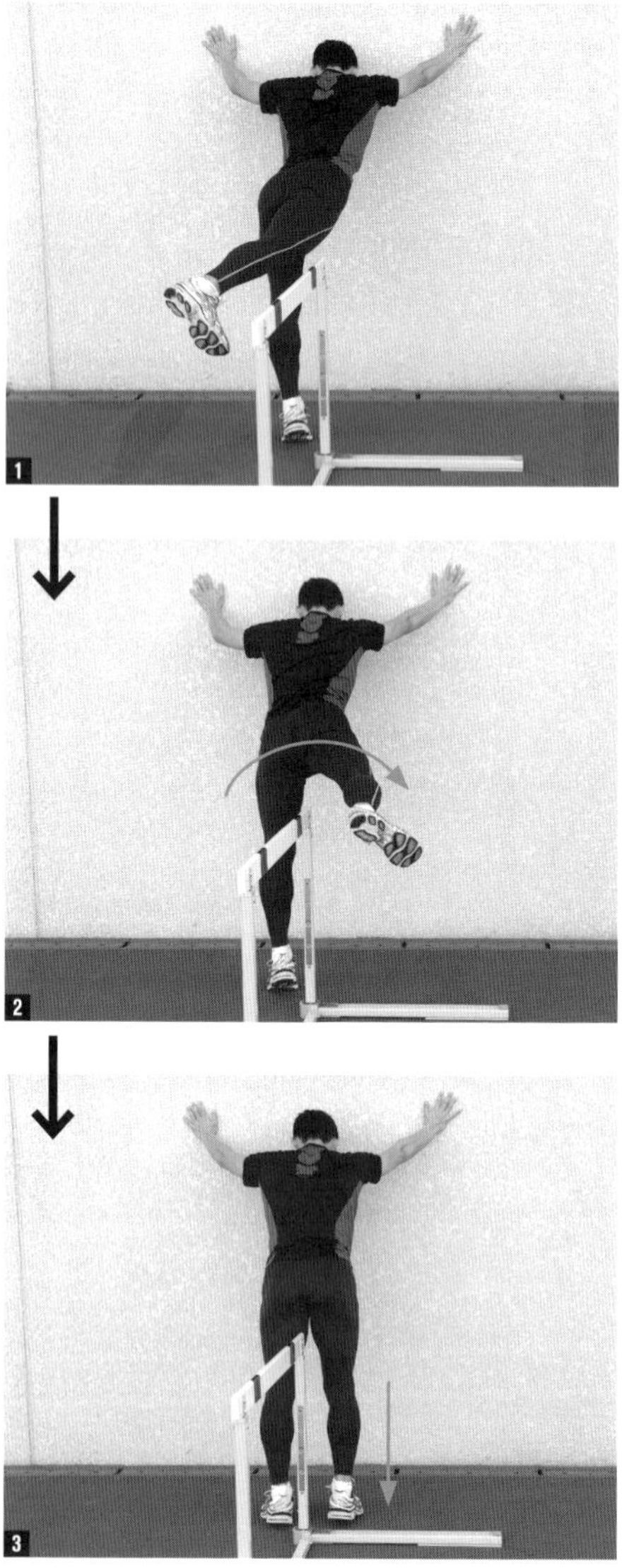

13 ストレート・フロント・カッター

ストレート・バック・カッターとは逆に、ハードルを正面に据えて行なうメニュー。ハードルを股関節の高さ（初心者は低めがよい）に調節し、ポジションを慎重に確認する。後方のバーやフェンス（ここでは壁を利用）を利用して、やや背屈姿勢を維持する。頸部は体幹の延長でリラックスさせながら固定し、運動中は前後に振ったりしない。**1** スタートポジションは、バーをもつ両手と支持脚の３点支持。フリーレッグを前方に伸展（ストレート・フロント）させ、ややクロスした状態からスタートする。はじめはゆっくりと行ない、動作ルーチン（動きの軌跡）を確認する。**2** **3** フリーレッグは、前方でハードルを挟み越えながら、脚の外転運動（支持脚から離れる）と内転運動（支持脚のほうへ戻る）を繰り返す。このとき、支持脚はスタビリティーを保ちながら、つま先支持によるかかとの上下動でタイミングをとってリズムをつくる

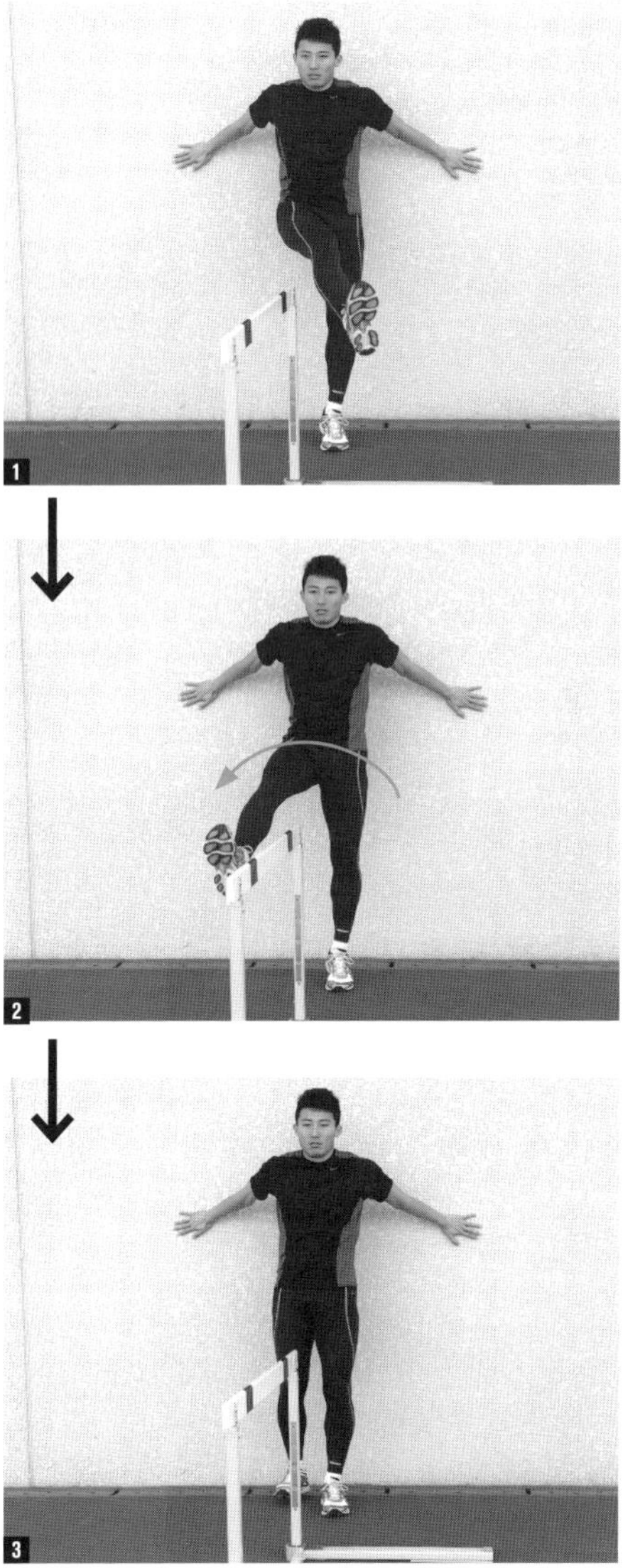

14 ストレート・ラテラル・カッター

1 スタートポジションは、バー（ここでは壁を利用）をもつ片手と支持脚の２点支持。フリーアームは動き全体のバランスをとる。体軸がバー側に倒れないように注意。アップライト（直立姿勢）で臨むこと。**2** フリーレッグは、側方に伸展（ストレート・ラテラル）させながら、後方から前方へハードルを挟み越える。このとき、支持脚はスタビリティーを保ちながら、つま先支持によるかかとの上下動でタイミングをとってリズムをつくる。逆モーション（前方から後方へ）も同時に行なう。**3** 写真では膝関節がやや曲がってしまっているが、前方へうまく展開できている。足首は緩まず（つま先が下がらず）、前方に振り下ろす準備ができている。このあと、素早くストレートにスウィングダウンする

15 スプリント

1 2 3 4 5 ミニハードルを等間隔に並べ、腿上げの要領でリズミカルに走り抜ける。ミニハードルの幅を狭くすると、負荷が強まる。上体の動きをぶらさないこと

16 ラテラル・スプリント

1 2 3 4 5 ミニハードルに対して身体を横に向け、腿上げの要領でリズミカルに走り抜ける。これも、ミニハードルの幅を狭くすると、負荷が強まる

17 両脚ジャンプ

1

2

3

4

5

1 2 3 4 5 両脚を揃え、ミニハードルをジャンプで越えていく。上体を動かす勢いに頼るのではなく、しっかりと脚を動かすこと。頭をぶらさないように注意

18 片脚ジャンプ

1 2 3 4 5 助走をつけた勢いを前方に移すようにして、片脚ジャンプでミニハードルを越えていく。踏み込みをしっかりして、力強くジャンプすること

19 ステッピング

1 正面に置いたメディシンボールを片足で踏む。2 脚を入れ替えるようにステップをし、3 逆足でメディシンボールを踏む。階段を使ったステッピング（P168 ～ 171）と同じ要領でやること

20 サイドステップ

メディシンボールを使ったステッピングを、サイドステップで行なう。1 側面に置いたメディシンボールを片足で踏む。2 またぐようにステップをし、3 逆足でメディシンボールを踏む

バランス系エクササイズ

バランス系エクササイズの活用法

(1) バランス系エクササイズの特徴

バランス系エクササイズは、ストレングス系、スピード系そしてパワー系ボディコントロールで発揮される筋力を支える役割を担うものです。したがって、動きを伴う各系のエクササイズとは多少異なり静的、あるいは非常にゆっくりとした動作で行なうものが主流です。姿勢や動作の基本は、身体各部の位置関係の把握と動き出しです。この基本ができないと各系のエクササイズが効果的に作用せず、無駄なトレーニングになってしまいかねません。強靭な肉体やファインプレーの土台には、必ずバランス系のボディコントロールが存在することを理解しておきましょう。

(2) 姿勢と動作のチェック

エクササイズの中には、移動を伴わずその場で負荷をかけて実施するものと、水平あるいは垂直方向へ重心移動しながら行なうものがあります。

どのようなエクササイズを行なうときも、まず正確な開始姿勢(スタートポジション)を確認します。例えば、足の位置やスタンス幅はどうか、荷重はつま先寄りか、かかと寄りか、膝は伸ばすのか曲げるのか、どのくらい曲げるのか等です。次に動作のチェックを行ないましょう。正確でスロー(またはダイナミックな)動作は、力をよりスムーズに伝達します。さらに、目的姿勢(ターゲットポジション)のチェックも欠かせません。これは、どこまで伸び上がるのか、あるいは抱え込むのか、どのくらい保持するのかといった局面の確認です。

〝回数をこなせばいい〟〝バランスが崩れないよう我慢すればいい〟といった実感的なトレーニングは、決して効果的なトレーニングとはいえません。

(3) プログラム作成の目安

①エクササイズの選択

厳密にいえば、スポーツの競技や種目の特性によって採用するエクササイズは異なります。しかし、本書で紹介しているエクササイズは汎用性がありますので、基本から応用まで、さまざまな競技に役立つものです。競技や種目の特性にこだわりすぎて、特定のエクササイズしか採用し

＜参考＞実施者の体力レベルに応じたセット数の目安

上級レベル	4〜5セット
中級レベル	3〜4セット
初級レベル	2〜3セット
初心者レベル	1〜2セット

ないという選択方法は決しておすすめできません。

② リピート数 Repeats

リピート数とは、1つのエクササイズを何回実施するか、すなわち反復回数・保持時間のことです。例えば、〝T字バランスを5回行う〟というように、「エクササイズの種類＋リピート数・時間」と示します。左右どちらでもできるエクササイズに関しては、利き手や利き脚に偏ることなく数・時間とも均等に行なって下さい。

③ セット数 Sets

セット数は、〝T字バランスを5回、3セット行なう〟というように「(エクササイズの種類＋リピート数・時間)×セット数」と示します。左右別々に行なうエクササイズの場合、ここでは〝左右5回ずつ交互に行ない、それを3セット実施する〟といった方法をおすすめします。これは筋と神経の協調を図るためです。

以下は、実施者の体力的なレベルに応じたセット数の目安です。自分がどの体力レベルに位置するか、セット数をこなすだけの十分なトレーニング時間があるか等、不特定な要素もありますので、

＜参考＞１週間におけるテーマ別エクササイズのセッション数の目安

ストレングス系　3回/週	**バランス系　6回/週**
スピード系　2回/週	
パワー系　1回/週	
休養日	

エクササイズの種類やリピート数とも関連づけて無理のないプログラムを作成して下さい。

④ セッション数 Sessions

セッション数とは、１週間のうち休養日を除く６日間の中で、このバランス系のエクササイズを何回行なうかを設定することです。例えば週３回に設定し場合、月―水―金と隔日で行なうのか、月―火―水と連日で行なうのか、あるいは月―水―木など変則的に設定するのかは、他のトレーニング要素との兼ね合いを考慮する必要があります。バランス系エクササイズの場合、他系列のトレーニングとの関係を明確にし、効率的かつ効果的に活用すべきです。ここでは、〝バランス系を強化したいので毎日実施する〟という設定をその一例として紹介します。バランス系に関しては、ウォーミングアップやクーリングダウン時に日常的に行なうことをおすすめします。

同様に、ストレングス系やスピード系、パワー系の割合を変化させると異なったパターンができるでしょう。

1 アップライト（バック）

直立姿勢から、つま先荷重で軽く膝を曲げる。両脚のスタンスは肩幅。視線は水平だが、体幹はやや後傾する。ヘッドアップすると背屈してしまうので注意。膝を上下動させて弾力感覚を習得する

2 インクライン ※アップライトの発展型

アップライト（バック）より両膝をさらに曲げ、上体を傾斜させる。視線は傾斜と一体となり、徐々に上方を向く。腹筋、ハムストリングス、前脛骨筋を同時収縮させて、つま先でしっかりと地面をとらえる

3 インクライン（ディップス） ※インクラインの発展型

両膝を、通常のインクライン（2）よりも深く曲げ、上体をさらに傾斜させる。ヘッドアップすると背屈してしまうので注意。ヒールタッチ（手がかかとに届く）まで両膝を曲げられるとよい。アップライト（バック）からここまでを正確に繰り返す

4 アップライト（フロント）

直立姿勢から、かかと荷重で膝を伸展させる。両膝のスタンスは肩幅。視線は水平だが、体幹はやや前傾する。顎を引きすぎると前屈してしまうので注意。直立姿勢から繰り返し、膝の固定感覚を得る

5 デクライン※アップライトの発展型。

アップライト（フロント）より両膝をさらに伸展させて、上体を前方へ傾斜。視線は上体の傾斜と一体となり、下方を向く。背筋、大腿四頭筋、下腿三頭筋を同時収縮させて、かかとでしっかりと地面をとらえる

6 デクライン（ディプス）※デクラインの発展型

両膝の伸展力をデクラインよりさらに高め、上体を深く前傾。顎を引きすぎると背が曲がりすぎるので注意。トゥタッチ（手がつま先に届く）まで両膝を伸展させられるとよい。アップライト（フロント）からここまでを正確に繰り返す

7 パラレル ※スキーのパラレルターンのイメージ

両膝を軽く曲げ、重心をやや低くして両手でバランスをとる。足のアウトサイドとインサイドのラインにしっかりと乗せる。腰の位置を変えないで両膝で左右に切り返す

8 トゥ・バランス

片足でつま先荷重の姿勢をつくる。腕等で全身のバランスをコントロールしながら、膝の角度を変えて重心を上下動させる。前足部で全体重を支持するため、しっかりと地面をつかむ感覚を得る

9 ヒール・バランス

片足でかかと荷重の姿勢をつくる。腕等で全身のバランスをコントロールしながら、重心の位置を調整する。かかとで全体重を支持するため、地面に突っ張る感覚を得る

10 アウトサイドライン

足首をしっかりと固定し、小指側とかかとを結ぶアウトサイドに乗る。腕等で全身のバランスをコントロールしながら、重心の位置を認識する。足首の関節支持力の強化につながるが、慎重に行なうこと

11 インサイドライン

アウトサイドラインとは逆のエクササイズ。足首をしっかりと固定し、親指側とかかとを結ぶインサイドに乗る。その他の注意点は、アウトサイドラインと同じ

12 プレート・バランス

足裏全体で地面をとらえる感覚を得る。逆脚は前後に動かす。高い姿勢から低い姿勢まで、膝や腰の曲げを変化させてみる。左右の腕や逆脚を使って全身のバランスをコントロールする

13 スケーティング

プレート・バランス（12）の脚の動かし方を変えたエクササイズ。足裏全体で地面をとらえる感覚を得ながら、スケートをイメージして逆脚を左右へ動かす。その他の注意点は、プレート・バランスと同じ

14 ヒップローテーション・オープン

12 ボールに正対し、前方に円を描くように、股関節を内側から外側に転回させる（外転）。支持脚はプレートに正しく乗り、上体はアップライト（背の伸びた直立姿勢）。足首を背屈し、つま先を外返しする。34は、一連の動作を別角度から見たところ

15 ヒップローテーション・クロス

ヒップローテーション・オープン(14)とは逆の動作。1 2 ボールに正対し、前方に円を描くように、股関節を外側から内側に転回させる（内転）。3 4 は、一連の動作を別角度から見たところ

16 ヒップローテーション・フォア（前方）

1 スタートポジション。支持脚は正しいプレートに乗り、頭部まで軸をつくる。リード脚は後方へセットすると同時に、上体をやや前傾させる。2 ハードルの抜き脚のように、股関節を中心に前方へ転回させる。支持脚はプレートをしっかりと押さえ、上体のアップライトを崩さない。腕はリード脚の動きを損なわないよう、ダイナミックな動作をする。3 ハードルの着地時のように、膝を高く維持しながら前方へ転回させる。4 は 1の別角度

17 ヒップローテーション・バック（後方）

ヒップローテーション・フォアの逆バージョン。1 リード脚を前方へセットし、上体をやや起こして、2 ハードルの抜き脚の逆モーションのように、股関節を中心に後方へ転回する。3 リード脚は後方へ伸展させると同時に上体をやや前傾させる。4 は 1 の別角度

18 足首の外返し

写真はヒップローテーション・オープン(14)。支持脚はプレートに正しく乗り、上体はアップライト(背中の伸びた直立姿勢)。足首を背屈させながらつま先を外返しすると、股関節は外転（外側に開く）しやすくなる

19 足首の内返し

写真はヒップローテーション・クロス(15)。支持脚はプレートに正しく乗り、上体はアップライト（背中の伸びた直立姿勢)。足首を背屈させながらつま先を内返しすると、股関節は内転（内側に開く）しやすくなる

誤りやすいパターン

バランスボールを使った一連のメニューは、次のような誤りに陥りやすいので注意。**1** リード脚をあまり高く上げすぎてしまうと、支持脚の膝が折れ、上体が後傾してしまう。また、支持脚がベタ足（足裏全体）で接地しているので、重心が落ちてしまう。**2** 脚の移動に合わせて、身体ごと同じ方向を向いてしまう。身体は、つねに正面を向くように意識しておこう

20 Tバランス・ローテーション

1 前傾。同側の上肢・体幹・下肢のラインを、支持脚に対して直角にする（Tバランス）。ラインは床面と水平を条件とし、静止状態を5秒程度キープする。 2 身体を起こしながら、脚を前方に展開する（膝をより高い位置で曲げ抜いていく）。3 後傾。体幹の後傾と同時に、前方に転回した脚を徐々に伸展する。 4 同側の上肢・体幹・下肢のラインをすべて伸展させ、最大まで後傾する。支持脚のスタビリティーを意識しながら、逆モーションも行なう

21 オポジット

1 プローン・ポジション（うつ伏せ）での左右バランスを確認する上級エクササイズ。両手・つま先の４点支持を基本姿勢とする。なお、両手と膝の４点支持は、初心者向けのエクササイズとなる。**2** 体幹、および対角の肘と膝を屈曲させ、腹部の下で交差させて対角２点支持となる。**3** 交差させたフリーアームとフリーレッグをゆっくりと伸展させて、地面と水平位置で止める。接地面（支持している２点）のスタビリティーを高める。ゆっくり繰り返すことで、水平という条件での位置感覚を習得できる

22 アームレイズ

1 対角の手とつま先の２点支持を基本姿勢とする。残った腕と脚は、地面と平行になるようにピンと伸ばす。首は曲げない。**2** 腕を挙上し､片手と両つま先の3点支持となる。これを繰り返す

23 バックキック

1 両手・つま先の４点支持を基本姿勢とする。挙上する側の脚を、やや前方に出しておく。**2** 支持部位のスタビリティーを高めたうえで、フリーレッグの膝を胸まで引きつける。両手とつま先の距離は、運動が円滑にできる範囲で調節する。**3** 股関節を中心として、フリーレッグを後方にスウィングする。最初はゆっくりと正確に、方向性を確認しながら行なう。大腿部のつけ根（腰部）が外方向に開かないよう注意する。（高く上げようとすると開いてしまう）。脚を挙上する高さで強度が変わってくるので、自分に合った高さでやるとよい

24 ラテラル・ドロー

1 両手・つま先の４点支持を基本姿勢とする。2 支持部位のスタビリティーを高めたうえで、外側から回り込むようにフリーレッグの膝を胸に引きつける。これを繰り返す

25 ラテラル・スウィング（伸展）

ラテラル・ドローの動きを膝を伸ばしたまま行なう。1 2 の注意点は、基本の(24)と同じ

26 ムカデ・ウォーク

1 両手と足裏を引きつけた４点支持を基本姿勢とする。膝は曲げてもよい。2 両手を前方へスライドさせていく。かかとを浮かせ、両手とつま先の４点支持となる。3 手が前方へ行くにつれて、身体も徐々に沈み込ませていく。4 身体がぎりぎり地面に接地していない状態でフィニッシュ。ここから、元の姿勢に戻るまでを繰り返す

27 ボディ・ローテーション

1 基本姿勢。腕立てのポジション。**2** フリーレッグ（浮いている脚）をいい形でとどめながら、背面方向に転回する。このとき、上肢や体幹、支持脚も一体化して動作する。この状態をラテラル・ポジションといい、肘および前腕と、足の外側辺りでの２点支持を形成し、10秒程度静止する。天地を反転しても同じ形になるように、宙にあるフリーアームやフリーレッグも固定する。頭部・体幹・脚が上から見てライン上にあるよう、特に腰部の位置に注意する。**3** 背面姿勢。背面での腕立て姿勢でもフリーレッグの関節角度を緩めず、両手とかかとの３点支持を形成する。**4** さらに、反対側でもラテラル・ポジションをとり、基本姿勢である腕立てポジションに向けて転回する。その後、逆方向も同じように行なう

28 ラテラル・アッパーレッグ・スウィング

1 2 肘と前腕をついたラテラル・ポジションから、宙にあるフリーアームとフリーレッグを連動させてスウィングする。接地面とのスタビリティーを高め、ダイナミックな動作を意識する。大腿部のスウィングができれば効果が大きい

29 ラテラル・アッパーレッグ・スウィング（アドバンス）

1 片手で支えるラテラル・ポジションから行なう、ラテラル・アッパーレッグ・スウィング。2 の基本動作は、通常の(28)と同じ

30 ラテラル・アッパーレッグ・スウィング（アドバンス・伸展）

■1 アドバンスのラテラル・アッパーレッグ・スウィングから、フリーレッグの膝を伸展させて行なうようにしたエクササイズ。■2 の基本動作は、通常の(31)と同じ

31 ラテラル・アンダーレッグ・スウィング

■1 肘、および前腕と、上の足の内側辺で２点支持を形成する。■2 下の脚がフリーレッグとなり、接地面とのスタビリティーを高め、ダイナミックな動作を意識する。上の手を腰に添えて前方に押すと効果的である

32 ラテラル・アンダーレッグ・スウィング（アドバンス）

1 片手で支えるラテラル・ポジションから行なう、ラテラル・アンダーレッグ・スウィング。2 の基本動作は、通常の（34）と同じ

33 スパイダー・ステップ

1 両手・両足を適度なスタンスでつき、スタートポジションをとる。2 3 接地している４点を同時にリズミカルなジャンプをしながら、徐々に外方向にスプレッドする。顎を引き、身体の前面（おもに腹筋系）を使ってつぶれないように支持をする。4 最大努力までスプレッドして５秒程度静止し、再びジャンピングで元のポジションに戻す。両肘の関節が伸びきると自体重と重力でつぶれてしまう。頭部（顎）を上げると緊張性頸反射が起こり、反り腰になって腰部に大きな負担がかかるので注意

Column

4

スキル・ティーチング／ラーニング

アスリートがモチベーションや技術習得のイメージを上げるためには、コーチである指導者の有効な言語によるアドバイス、“バーバル・フィードバック（Verbal Feedback）”が不可欠です。ちなみに、フィードバックとは結果を分析し、次の行動に対して修正を含めて検討することです。

言語によるアドバイスとひと口にいっても、決してポジティブなものばかりではなく、ミスや欠点を指摘するネガティブなアドバイスもあります。後者が主流のコーチングは、つねに指導者が中心となり選手を混乱させることもあるため注意が必要です。

国際陸上競技連盟のコーチ教程の中には、“スキル・ティーチング（Skill Teaching）”というカリキュラムがあります。指導を受けるアスリートの視点に立てば“スキル・ラーニング（Skill Learning）”ということになりますが、いずれにしても双方向のポジティブな関係が効果的であり、良好なフィードバックが構築されます。指導者は「より具体的に」「より建設的に」「より即時的に」「より優先的に」を念頭に置き、前向きなアドバイスを心がけましょう。

引用文献

フィジーク特集「器具を使わないトレーニング」　小林敬和著　サニーサイドアップ　１９９４

コーチング・クリニック連載「スタビライゼーション・トレーニング」（５回）　小林敬和著　ベースボール・マガジン社　１９９４

からだづくりのサイエンス　小林敬和編著　メトロポリタン出版　１９９９

コーチング・クリニック特集「ハイパフォーマンス・スタビライゼーション・トレーニング」　小林敬和著　ベースボール・マガジン社　２００１

アスレティック・スタビライゼーションの提案　小林敬和著　近未来陸上競技研究所紀要　２００２

身体のバランス能力に関する事例的研究　小林敬和著　中央学院大学人間自然論叢　２００３

陸上競技マガジン連載「競技力アップのボディーコントロール」（48回）　小林敬和著　ベースボール・マガジン社　２００５－２００８

スポーツ選手のためのからだづくりの基礎知識　小林敬和監著　山海堂　２００７

新装版競技力アップのスタビライゼーション　小林敬和編著　ベースボール・マガジン社　２００９

参考文献

Introduction to Coaching　IAAF CECS Textbook　IAAF Published　１９９１

Jumping Into Plyometrics　Donald A. Chu　Leisure Press　１９９２

Jumping Into Plyometrics Second Edition　Donald A. Chu　Human Kinetics　１９９８

Fitness Cross-Training John Yacenda　Human Kinetics　１９９５

The Complete Guide to Cross Training　Fiona Hayes　A&C Black　１９９８

Cross Training for Sports　Gary T. Moran and George H. McGlynn　Human Kinetics　１９９７

Successful Coaching　Rainer Martens　Human Kinetics　１９９０

Sports Speed Second Edition　George Dintiman, etc.　Human Kinetics　１９９８

Explosive Power & Strength　Donald A. Chu Human Kinetics　１９９６

High-powerd Plyometrics　James C. Radcliffe, etc.　Human Kinetics　１９９９

現代体能訓練方法　張英波　北京体育大学出版社　２００６

現代速度和耐力訓練方法　張英波　北京体育大学出版社　２００６

現代力量訓練方法　張英波　北京体育大学出版社　２００６

田径体能訓練　張英波　人民体育出版社　２００５

動作学習与控制　張英波　北京体育大学出版社　２００３

柔軟性トレーニング　クリストファー M.ノリス著　山本利春監訳　大修館書店　１９９９

測定と評価　山本利春著　ブックハウス・エイチディ　２００１

小林敬和（こばやし　ひろかず）
中央学院大学法学部スポーツシステムコース教授
一般社団法人フューチャーアスレティックス代表理事
順天堂大学大学院体育学研究科修了。現役時代は十種競技で日本選手権２連覇、アジア選手権第２位。指導者として十種競技の日本記録保持者ら数々の国際的な選手を育成。日本代表コーチとして国内外の遠征に多数帯同した。94 年にドイツで学んだスタビリティトレーニングをわが国で初めて紹介したことでも知られる。09 〜 13 年には JOC ナショナルトレーニングセンター専任コーチングディレクターとして、JOC タレント発掘事業やトップアスリートのトレーニング指導にも携わる。中国のスポーツやトレーニング事情にも精通し、近年は北京体育大学にある国際陸上競技連盟アジアセンターの上級講師を務め、アジア各地での指導者育成活動に勤しむ。

モデル／田中悠士郎

装丁・本文デザイン
　黄川田洋志・坪井麻絵（ライトハウス）、石塚昌伸
編集
　本島燈家・新井等（ライトハウス）、藤村幸代
撮影
　椛本結城

競《きょう》技《ぎ》力《りょく》アップのボディコントロール

2010年６月30日　第１版第１刷発行
2021年６月25日　第１版第３刷発行

著　者　小林敬和
発行人　池田哲雄
発行所　株式会社ベースボール・マガジン社
　〒103-8482 東京都中央区日本橋浜町２-61-９TIE浜町ビル
　電話　03-5643-3930（販売部）
　　　　03-5643-3885（出版部）
　振替　00180-6-46620
　https://www.bbm-japan.com/
印刷・製本　凸版印刷株式会社

ISBN978-4-583-10262-7 C2075